雄山閣アーカイブス　歴史篇

敵討の歴史

大隈三好

雄山閣

本書は、小社刊『敵討の歴史』を誤植等の訂正を行った上で、
雄山閣アーカイブスとして再編集したものです。
現代では差別的とされる表現が使われている箇所がありますが、多数の史料が引用されている等、資料性の高さを考慮し、底本のままとしておりますことご了承ください。
（編集部）

【刊行履歴】
雄山閣歴史選書10『敵討の歴史』　一九七二年刊

もくじ

第一章　敵討の背景

一　敵討と日本人

敵討——仇討あるいは復讐ともいう。広義では報復手段のすべてがこれに該当するが、わが国において普通一般にいわれている、いわゆるかたきうちは、死にたいして殺で報ゆる、わかり易くいえば、父や主人が殺された場合、加害者を殺して怨みを晴らすことに限られているようである。

報復雪冤の情は人情である。だから広義の復讐にしろ、狭義の敵討にしろ、なにも日本特有のものではない。古今東西、人間の存するところいつどこでも行われていたことは、多くの事例が示しているが、その手段や方法ニュアンスなどは、民族性、各社会の風習々慣、さらに個人性格などによっても趣を異にしている。例えば目には目、歯には歯のストレートで殺せば殺す式の単純直截なものから、相手を窮地に陥入れて精神的肉体的に苦めるもの、ときには怨霊となってとり殺すものなど各人各様知恵と能力をしぼって怨みを晴している。日本の敵討などこの目には目、歯には歯の最も代表的なものである。

わが国の演劇講談のたぐいから、敵討物と心中物を取りされば、銭の入っていない財布みたいに佗しいものになるだろう。いうならわが国の演劇講談のたぐいは、この敵討と心中物の二本立てでなりたっているといってもさして過言でもないが、さらにこの二つの比重をみると、後者は前者に遠く及ばない。これは量だけでなく質においてもいえることで、どれほど不況の時でも『忠臣蔵』を上演すれば大入満員疑いなしといわれたものだ。『忠臣蔵』といえばいまさら説明するまでもないが、元禄十四年（一七〇一）播州（兵庫県）

赤穂浅野家の浪士四十七士が江戸松阪町吉良邸に夜討をかけ、主君の仇を報じた敵討物の代表である。

このように、敵討物が大衆に絶大な人気をもっているということは、敵討がいかにわが国民の至情と合致しているかを如実に物語っているといわねばならない。

本来、人が殺害された場合、国家社会がその刑罰権を行使して、加害者を処罰するのが正常の姿である。しかるに敵討はこの国家社会の公的処罰権を被害者側が私的行為によって代行するのであるから、正常完全に国法が励行されているところではあり得ない行為で、当然禁止さるべきであるにかかわらず、各国とも禁止せず、黙許のかたちをとっている。これは政治の基調は道徳であり、敵討すなわち雪冤泄憤《せつふん》の情が人間至情の発露であることによるもので、ことにわが国のように武士道を基盤とした武家政治のもとでは、黙許どころか奨励賞揚するふうさえあって、独自の発展をなし、社会風俗の一つにまでなった。敵討がいかに世界共通なものであるといっても、このように社会風俗にまでなっているのは珍しい。これは裏を返せばわが国においてこれがいかに盛んに行われたかを物語るものである。

二 国法と敵討

敵討が人間至情の発露であり、手段はともあれその精神は、政治基盤である道徳に合致するため各国ともにこれを黙認していたが、処罰権は国家にありとする本質からみれば非合法的行為である。この国法との撞着抵触が必然的に敵討是非論を生んだ。

世界でも最も早くひらけた中国では、すでに孔子の時代この是非が問題にされたとみえ、孔子の弟子子夏が孔子に、

父母の仇に居ること如何。（親の仇を持っていたらどうすればよいでしょうか、という意味だろう）

と質問したところ、孔子は、

苫《とま》に寝て干を枕にして仕えず、天下を共にせざるなり、これに市朝に遇えば、兵に反らずして斗う。

と、答えたという文献が残っている。

武器を枕にして野宿しても仕官せず、仇と同じ天の下に生きていてはならない、道で仇にあったら、その場で戦うべきであるというもので、敵討絶対、その後敵討の標語となった不倶戴天の語原もここにある。仕えずは官途につかない意味で、これはわが国での話であるが、徳川時代、松平伊豆守信綱が儒者熊沢蕃山に、

主人の使に行く途中で、親の仇に出会った。どうすべきか。

と、尋ねたら

親の仇をもつ者は奉公などせぬはずです。

と答えたという話があるが、これなども源はここに発している。

ここで留意したいのは孔子が生存した時代である。孔子が生きていたのは紀元前五五一年から四七五年までの七八年間で、わが皇紀で、一一〇年から一八六年まで、天皇にすれば人皇二代綏靖天皇の三一年から五代孝昭天皇の初年までになり、現在からおよそ二五〇〇年以前である。この時代わが国はいわゆる国史の暗黒時代で、これまで伝えられている歴史にも疑点多しとされているくらいで、もちろんまだ文字もなく、未開の原始時代であったことには疑問の余地もない。この時代に隣国中国ではすでに仇討の是非さえ論ぜられたことは驚嘆に値する。

この孔子の教えが、『礼記』の「父の仇共に天を戴かず、兄弟の仇兵を反さず、朋友の仇国を同じくせず」

となり、『公羊伝』の「父訣を受けざれば子仇を復するも可なり」となり、韓退之[1]の「子、父の仇を復す、春秋に見、礼記に見、又周巻に見、又諸子史に見、数うべからず、未だ非として之を罰する者有らざるなり」となっている。

しかし中国でもこの孔子の教を根元とした積極的肯定論ばかりではない。『周礼の朝士の条』には次のような条がある。

凡そ仇讐を報ずる者、士に書して之を殺さば罪なし。釈に曰、凡仇人は皆王法の当に討つべき所、報仇有るべき者、謂って赦に会いて後すでに郷を離れしむ、其人かえり来って郷里に還る。報ぜんと欲する者先ず士に書す。士は即ち朝士、然る後之を殺さば罪なし。

「士に書して」は役人に届出てということで、これは明らかに届出制である。さらに「凡そ仇人は王法の討つべきところ」と処罰権の存在を明らかにしている。国法によって処断し死刑にするまでに至らなかったものは遠隔の地に放逐する、「父の讐は諸海外に辟く、兄弟の讐は諸千里の外に辟く」後年の追放みたいなものである。

しかし追放された仇が舞戻ってきた場合、仇を討ちたいものは討ってよいが、この場合役所に届け出で、その許可を得て討てば罪にならないというのである。これは明らかに国法優先で、この条文を裏がえすと、許可を得ないで勝手に敵討をした場合罪になることを語っている。

この文献は大体孔子と同時代のものであるから、その当時すでに中国では聖人孔子の積極的敵討肯定論と、国法優先の折衷主義があったことを示している。

その後前記の『公羊伝』や韓退之の『復讐状』などのように敵討絶対にたいし、柳宗元[2]や王安石[3]など、法は乱すべからずの立場から、敵討絶対反対を主張したものもいるが、大勢は国法優先の折衷主義をとっているようである。

人情では讃美しながらも、国法では禁じ、あるいは条件をつける以上、それを犯した者は罰しなければならぬ。明になると、「父母の仇を擅《ほしいまま》に殺した者は杖六〇、父母以外の親属の仇を擅に殺した者は杖一〇〇」と、定めている。

しかしこうした法規はあっても、実際は情を酌量され軽くすんだことは想像される。

さて、ここでわが国に目をむけてみよう。

わが国創業時代の未開の闇に、文化の曙光を与えたのは中国であった。文字を伝え、読み書きを教え、糸の紡ぎ方、衣服のぬい方にいたるまで、中国の指導によるもので、政治はいうまでもなく文物制度万事万端、彼の国の模倣から出発したことは書を俟たない。

わが国は種々の理由から――これについては後で詳述するが――イタリアのシチリア島と共に世界でも最も盛んに敵討ちが行なわれている。これにたいし国法は中国のそれにならって一応禁止のたてまえをとっているものの、実際は黙認あるいは条件つき奨励で、明治六年二月太政官布告で『敵討禁止令』が公布されるまで、成文上ではなんら規定していない。だからといって全然野放しにしているわけでもない。

日本ではじめて律令が定められたのは、文武帝の大宝元年(七〇一)で、史上これを大宝の律令といっている。当時中国は唐の時代だから唐律の模倣というより焼き直しであることは云うまでもない。唐律では人を殺した者は政府の手で処罰することになっているから、この律でもそうなっていると想像されるが、律十二篇中四篇しか残っていないからその点はっきりしない。残っている賊盗律の中に、「凡そ父母人の為に殺さる。私和する者徒三年……」というのがある。

私和はひそかに示談ですますことであり、徒は徒刑のことである。


これは敵討を規定する条文ではなく、私和を規定するいわゆる私和の罪であるが、親が人に殺された場合、示談ですますのを禁じ、公に訴え出ることを規定している。ということは公法で処罰することを示し、私に和を結びまたは刑を加えることを禁じているものと解してよかろう。

が、いかに公法が敵討禁止のたてまえを示したにしろ、当事者の身になるとやはり自分の手で討取り怨みを晴したい気持は中国人と変りない。これは大宝律令制定から一二〇〇年余り以前のことだが、『日本書紀』巻十五顕宗天皇の条に次のような記事がある。


二年八月己未朔、天皇皇太子億計《おけのみて》に謂いて曰く、吾が父の先王《きみ》罪無し、而るを大泊瀬天皇（雄略天皇）射殺して骨を郊野《のはら》に棄て、今に至りて未だ得ず、憤歎懐《いきどおり》にみち、臥しては泣き、行きては號《おら》びて、讐の恥を雪《そそが》むことを志《おも》ふ吾れ聞く、父の讐は、倶《とも》に天を戴かず、兄弟の讐は兵を反《かえ》さず、交遊《ともがき》の讐は国を同じくせずと、夫れ匹夫《いやしきひと》の子だも、父母の讐に居て、苫に寝、干《たて》を枕にして仕へず、國を與共にせず、諸《これ》に市朝《いちみかど》に遇へば、兵を反さずして便《すなわ》ち闘ふ、況や吾れ立ちて天子為ること、今に二年なり。願はくば、其の陵を壊《こぼ》ちて、骨を摧《くだ》きて投げ散らさむ。今此汐以て報ゆるは、亦孝《おやにしたごう》にあらざらむや。


と歎いている。

天皇といえども人情に変りはない。

さらに注意したいのは、「父の讐は倶に天を戴かず云々」の『礼記』の言葉を果して顕宗天皇が使ったかは疑問だが、『日本書紀』が記述された七二〇年代にはこの思想が大和人の頭にも染み入っていたことを窺わせる。

鎌倉以後武家政治になると、敵討は廉恥を重んじ面目を旨とする武士道の華として大いに讃美され、内実はともあれ表面禁止に傾斜する国法はいよいよ影うすくなる。鎌倉執権北条泰時が編成した『貞永式目』は武家政治の方針を示し、幕政の基礎になったばかりでなく、後世まで武家の法典として尊重されたものであるが、意識的か無意識的か敵討に関しては一言半句も触れていない。

室町時代も中期以後の戦国争乱の世となると国法などあっても執行する者がなく無きにひとしいが、敵討も不思議に少なくなる。これは右を見ても左を見ても戦乱ばかり、日本中が大規模の殺しあいの場となり、一人と一人の殺しあいなどその影に掻き消されて世の耳目にとまらなくなったせいであろう。そのかわり同じ報復でも弔合戦は数限りなく展開されている。

戦国時代も終りにちかい天文年間『伊達騒動』『樅の木は残った』で名高い伊達家の先祖伊達左京太美稙宗の敵討に関する規定が『塵芥集』に出ている。稙宗は伊達政宗の曽祖父にあたる。


おやこ兄弟のかたきたとりも、みだりにうつべからず、ただしくだん《件の》のてきにん《敵人》、せいばい《成敗》をはって《終って》ののち、はいりやう《拝領》中へはひくはひ《俳徊》のとき、むだ人はしり《走り》あい、おやのかたき《親の仇》といひ、このかたき《子の仇》といひ、うつ事をつど《越度》有べからす。

　左京太夫稙宗御印

「親兄弟の敵であっても、みだりに討ってはならない。但しその敵人、お上の成敗を終ったあとで、領地内を俳徊しているときは、名乗をあげて討つのは越度にならない」という意味だろう。これは中国では周時代公布された規定と同じだが、果して守られたかはわからない。

慶長二年（一五九七）といえば豊臣秀吉の朝鮮征伐のころである。この年の三月、四国の長曽我部元親が、敵打の事、親の敵を子、兄の敵を弟可打申《うちもうすべく》、弟の敵を兄打は逆《さかさ》也、叔父甥敵打事は可レ為二無用一事《むようになさるべきこと》。」（長曽我部元親式目）

と書き残している。

このころから目下の者の敵は討たせない傾向が見えるが、これは法文上のことだけで、事実は一向に守られなかったことは、やがてくる徳川時代の華かな敵討種々相が明らかに物語っている。

敵討は徳川時代になって最高潮に達する、これにともなって法令や布告の発布も多いが、後章で詳述することにする。

かくて明治御一新、建国以来千数百年、国法と対立しながらも、国民の共鳴と賞讃の中につづいてきた敵討も、その六年二月七日に布告された『敵討禁止令』によって終止符を打つ。この禁止令が敵討に関する最後の法令であるから掲げておこう。

人を殺すは国家の大禁にして、人を殺す者を罰するは、政府の公権に候処、古来より父兄の為に、讐を復するを以て、子弟の義となす風習あり、右は至情不レ得止に出ると雖も、畢竟私憤を以て大禁を破り、私義を以て公権を犯す者にして、固より擅殺の罪を免れず、加レ之甚しきに至りては、其事の故誤を問わず、其理の当否を顧みず、復讐の名義を挾み、濫りに相構害するの弊往々有レ之甚以不二相済一事に候。依レ之復讐厳禁被二仰出一候条、今後不幸至親を害せらるゝ者於レ有レ之は、事実を詳にし、速に其筋へ可二訴出一候。若無二其儀一旧習に泥み、擅殺するに於ては、相当の罪科に可レ候條、心得違無レ之様可レ致事厳しいなかにもまことに条理をつくした法令である。

三　武士道と敵討

敵討は人間至情の発露であって、なにも武士に限ったものではない。後世百姓や町人の間にも行われたことがこれをよく証明している。しかしこの万人共通の至情の発露も、後で発生形成した武士道に大いに強調され、鼓吹され、ついには包括吸収されて、武士に独占されるまでになった。

それでは武士道とは一体なにかというと武士がその職業においてまた日常生活において守るべき道であり、一言にしていえば〈武士の掟〉である。もちろんそれは成文法ではない。世に武士道書というものはあるが、これは特殊の人が勝手に記したもので、本質的には不言不文の戒律といってよかろう。そしてこの武士道は一人の人間がその生涯を基礎として創造したものでなく、長い間に亘る武士の生活の中から生れてきたものといえる。

武士は元来戦闘を職業とする特殊階級である。現在でいえば職業軍人だ。しかも封建制度が生んだ種族で、いうなら封建時代の落し子である。

武士の名称は源平二氏が抬頭してから起ったものだが、それではそれまで武士も武士道精神もなかったかというと決してそうではない。その淵源は遠く建国創業の伝説時代にまでさかのぼらねばならない。

神武天皇東征の際同行したのは、いわゆる種族の移動で婦人子供を含めた集団であったにちがいないが、先頭に立ったのは物部、大伴等の武臣であった。この両氏の武功によって大和地方平定は成り、爾後両氏の後裔は歴代武事をもって仕え、皇宮内外の禁衛に当った。これが武士の起りである。後年武士のことを「もののふ」（物部）と呼んだのもここに起っている。彼等は職務柄、勇猛果敢、命を惜しまず奉仕することをモットーとする。武士道の淵源は早くもここに生れている。

大伴の、とほつ神祖の、その名おば、大来目主と、負ひもちて、つかえしつかさ、海行かば、みづくかばね、山行かば、草むすかばね、大君の、へにこそ死なめ、かへりみは、せじとことだてて、ますらをの、清きその名を、いにしへゆ、いまのうつつに、流さへる、おやのこともぞ、大伴と佐伯の氏は、ひとの祖の、たつることだて、人の子は親の名絶たず、大君に、まつろうものと、言ひ継げる、事のつかさぞ、あづさゆみ、手にとりもちて、つるぎたち、こしにとりはき、朝まもり、夕のまもりに、大君の、みかどのまもり、われをおきて、また人はあらじ……

これは奈良時代の歌人で大伴氏の裔大伴家持の歌であるが、後世武士道の真髄をいかんなく歌いあげている。

孝徳天皇の大化元年（六四五）大和朝はこれまでの氏族政治を廃して郡県制に改め、民間の武器は尽く没収し、武職にあらざる者はたとえ親王、大臣といえども帯剣するのを禁じた。全国の壮丁を徴して京師を護らしめ、陸奥には鎮守府、鎮西には太宰府を置いて民間徴用の兵で固める兵制をとった。そのうちこれら民間徴用の兵士の中でも東国出身者が一番勇猛果敢であることから、特にこれを以て朝廷の守護とし、また太宰府の防人とするといったこともあったが、この大化の改新によって職を失った天孫降臨、神武東征以来の武臣の後裔たちや、その後の藤原氏専横によって京師の志を得ぬものなど、地方へ移って荒野を拓き、子孫の繁栄をはかり、いわゆる地方豪族となった。これら地方豪族は地名を以て苗字とし、子孫繁栄に応じて家を分ち、所有地の拡大をはかり、その勢力の伸張にともなって多くの家子郎党を養い、この家子郎党と主人との主従の関係が武士道の根底となる。

平安朝中期以後、藤原氏文弱に流れ、諸国に群盗横行しても、これを鎮定する力を失い、しぜん豪族即ち武士の力を借りねばならなくなった。天慶の乱の平将門、藤原純友の反乱を平定したのも、平貞盛、源経基であった。その後諸国の反乱には常に源平二氏の力を借りたので二氏の勢力はしだいにたかまり、たがいに相競っていたが、まず平氏が藤原氏に替って政権の座につき、やがて源氏に倒され、坂東武士を背景とした源頼朝が鎌倉に幕府をひらいていわゆる武家政治の時代となった。

頼朝は武士出身の平氏が清盛一代でもろくも滅びたのは、平氏が京風をまねて武家本来の精神を失ったからだとして、一切京の公家風を学ばず、高位高官を望まず武家本来の質実剛健の気風を養い、これによって天下の治政の根本とした。いいかえれば従来武門の間に行われてきた武士道を基として、幕府の基礎を固めたので武士道は頼朝によって大集成され高揚されたといってよい。

前にもちょっと触れた『貞永式目』五十一ケ条は、頼朝の衣鉢をついだ北条泰時が制定したものであるが、簡素にして実行を重んじ、武士道の本義を発揮している。

所詮従者は主に忠を致し、子は親に孝あり妻は夫に従わば、人の心の曲れるを捨て、正しきを賞めて、自ら士民安堵の謀にや候とて、斯様に沙汰候を、京辺にては定めて物を集らぬものどもの書きあつめたることとて笑はるべく候。

これは、泰時がこの式目の精神を説明した書簡である。

武士道の根本義は、節義を重んじ、恥を知り名を惜しみ、業をはげみ、君父のためには一身を犠牲にするのも辞さないものだとする。これは頼朝が考えだしたものでも付加したものでもない、武士の起りと同時に生れ武士の間に伝ってきたものである。源義家(4)が後三年の役に剛臆の座を設けたとき、鏑の音に耳をふさいだ末割四郎惟弘がこれを恥じ、先陣して討死した話や、武士が出陣に当っては祖先の名をあげ郷関と姓名を大呼するなど恥を知り名を惜しむよい例である。

武士道は前述したように領主と家子郎党の主従の関係から生じた。主従関係の主にたいする従の義務は忠義忠節が根本になることは古今東西を問わない、ただこれがどの程度守られるかが問題である。武士道では主君絶対である、主君のためには生命はもとより一切をよろこんで捧げることを要求する。『葉隠論語』(5)はこれよりずっと後年徳川時代に書かれた武士道書であるが、これを明確に記している。

もっとも、主人にたいする忠義、献身的奉仕の精神が武士道以前から存在していたことは、前記奈良朝の大伴家持の「大君のへにこそ死なめかえりみはせじ」の歌でも明らかである。武士道は藤原執政以来数百年間殆ど退廃していたこの精神を第一におき、さらに強調し鼓吹したのである。

源頼朝が陸奥の藤原氏を征服したとき、藤原琉の家来河田二郎が主人藤原泰衡を殺し、その首を頼朝に献じて恩賞を求めた時、「臣にして君を殺す、其罪正に八虐に当る」と称して、河田を処断したのもこの士風刷新を企図したものであろう。

武士道が儒教や仏教の影響をうけたことはいうまでもない。しかし儒教の影響がとくにみられたのは後期江戸時代になってからで、これについては後で改めて詳述することにするが、仏教も奈良平安朝まではいわゆる貴族仏教で、下級武士にはそれほどの感化もなく、武士道にも取立てていうほどの影響はなかった。鎌倉時代になって禅宗が盛んになるに及び、禅宗の自力本願、一念頓悟の教理が、武士道の持つ体質と合致し、武士の宗教となり、武士道をますます深いものにした。

以上は大体鎌倉時代までの武士道であるが、時代は移って南北朝、室町時代になり世相は一変し、殊に室町末期の弱肉強食、群雄割拠の戦国時代になると、一見武士道地に堕つの観なきにしもあらずであったが、事実は決してさにあらず、下克上、血河屍山の暗黒時代にも脈々として生き続けるが、本書の敵討とは直接関係ないから省略する。

この武士道的見地から敵討をみると、これはまさに武士道の精神を絵に描いたようなもので、必然的に法禁を超越して、武士道の精華として歓迎され激賞された。ことに武家政治になり武士道いよいよ華かになるに及んでは、敵討は単に父を殺された子の私事でなく、一門一家の問題となり、引いては国家風教上の問題とさえなった。そしてこれまで、不倶戴天は父の讐であったのが、君父之讐不倶戴天になる。

注

(1) 韓愈（七六四―八二四）唐の大文学者、孔子の学説をうけ、孟子以後第一人者と称せられる。

(2) 柳宗元（七七三―八一九）中唐の河東の入、地方吏であるが文章家詩人として有名。詩文集「柳河東集」「永州八記」

(3) 王安石（一〇二一―一〇八六）北宋の政治家、宰相たること前後八年に及ぶ高官であるが文人としても名高く唐宋八大家の一人。

(4) 源義家（一〇三九―一一〇六）平安中期の源氏の頭梁、八幡太郎義家と称す。後冷泉天皇の時、命によって父頼義と共に陸奥の安倍頼時及びその子宗任・貞任を攻め前後九年を要して平定した。この時の戦で、陸奥の軍は敗れその将貞任が逃げるのを、追手の大将義家は声高に「きたなくとも敵に後を見するものかな、返せ返せ」と呼ばわると貞任は馬を止めたので義家は弓を引きしぼりながら「衣のたてはほころびにけり」と大声で詠みかけると、貞任はその声も終らぬうちに「年を経し糸のみだれの苦しさに」と上の句をつけた。義家は引きしぼった弓をゆるめて、貞任を逃がした。あとで人がその理由をきくと、大事の時に臨んで心の平静を失わぬ剛の者、恥しめるに忍びなかったと答えた。有名な衣川の戦の話であるが、この話の中に当時の武士道を窺うことができる。幾何もなく出羽の清原氏が乱を起し、当時陸奥守兼鎮守府将軍だった義家は自ら兵を率いてこれを平定したが、朝廷では私斗とみなして賞しなかったので、私財を投じて将士を賞した。将士の大部分は東国の豪族たちで、彼等は感激して朝廷に背くとも源氏に背くなかれと云うようになり、それ以後東国は源氏の勢力基盤となった。

(5) 正確には葉隠聞書という。肥前佐賀藩に残る武士道書。佐賀城下北方三里(十二キロ)佐賀郡金立村の草庵に隠退していた元佐賀藩御側役山本常朝が、宝永七年(一七一〇)から享保元年(一七一六)まで足掛け七年間に語った談話を、同藩の元御祐筆役田代陣基が書き残したもの。全十一巻、武士の心得、肥前及び諸国の歴史や逸話など、総数一三四三項にわたり、一つ書で雑然と記載されている。原本はないが写本が二、三残っている。「武士道というは死ぬ事と見附けたり」の有名な言葉は聞書第一の巻頭に出ている。葉隠武士道の特徴は主君絶対を極度に強調していることである。

第二章　記紀の敵討

一　討ちてし止まん

わが国における敵討は、一般に大草香皇子の遺子眉輪王が、人皇二〇代安康天皇を、父の敵として弑し奉ったことをもって嚆矢としている。皇紀一一一六年の八月だからいまから一五〇〇年も往時のことである。これは日本書紀巻十三に見えているが、こうした記事に載らない庶民の敵討もあったにちがいなく、これが必ずしもわが国敵討第一号と断ずるわけにはいかない。さらに敵討を広義の報復にまで拡げていくと、さらにそれより一千年以上も前の神武天皇の御東征にまでさかのぼらねばならぬ。

元寇の際の〈敵国降伏〉と太平洋戦争中の〈討ちてし止まん〉は、わが国史上見おとすことのできない戦意昂揚の二大標語であった。いずれも相手をせん滅せんためのスローガンであったが、〈敵国降伏〉は成功し、〈討ちてし止まん〉は空振りに終った。元寇は相手が侵略でこちらは防衛、太平洋戦争はその逆であったことに起因すると見るのはいささか単純にすぎるかもしれないが、全然関係なしとは考えられない。〈敵国降伏〉の出典は『史記』『呉越伝』等の中国古典であるが、〈討ちてし止まん〉は『日本書紀』に出ている。いずれも一見侵略的で殺りく的語感を与えるが、原典は双方とも防衛と報復の心構えを強調したものである。この原典の意味を取りちがえて侵略に利用せんとし、元も子もなくしたとしたら、さしずめ天の配剤というべきであろう。

〈敵国降伏〉は鎌倉時代のことだからその時代の記述の時に譲って、ここでは〈討ちてし止まん〉の原典を探り敵討との関連を眺めてみよう。

『日本書紀』第三、神武天皇の条に次のような歌が出ている。

みつみつし久米の子等が、粟田には韮一本《かみらひともと》、其根《そのね》が茎《もと》、其根芽《そのねめ》つなぎて、討ちてし止まん

つづいて、

みつみつし久米の子等が、垣下《かきもと》に、植えし韮《はしかみ》、口ひびく、我は忘れず、討ちてし止まん

ともに神武天皇の御歌である。神武天皇といえばいうまでもなく人皇第一代の天皇だ。

歌の大意は「勇壮なわが久米部族の人々が作っている粟畑にまじって生えているあの一本の細い韮のような賊徒よ、その韮の根も茎も一緒に引き抜くように、賊の大将も部下も、もろともに討ち滅してしまおう」さらに次の歌は、「勇しいわが久米部族の住所の垣根に植えてある一本の山椒《さんしょう》の実はぴりりとからいように、賊徒の恨が骨身に徹して忘れられない、その賊どもを打ち果してしまおう」という意味である。

久米部族は天孫民族すなわち大和民族で、賊は先住土着の土蜘蛛である。みつみつしは勇壮果敢の意味をもつ大和民族の枕言葉である。

この二つの歌をみると、前の歌には恨みに報ゆる報復の色彩はないが、後者には明らかに現われている。しかしこの二つの歌が謡われた時点も背景も同じだから、別々に書く二つの歌でなく、並べて記した一つの歌とするのが妥当であろう。それではその時点と背景は……。

時は天皇がまだ大和（奈良県）橿原神宮で即位される前、天皇東征の時である。

東征の事情について『日本書紀』は次のように記している。

昔、我が天上の神であらせられた高皇産霊尊《たかみすびのみこと》、大日霊尊《おおひるめのみこと》（天照大神）の御二方から、この豊葦原瑞穂国

をあげて、我が天祖彦火瓊々杵尊《ひこほににぎのみこと》に授け給うた。彦火瓊々杵尊は天の岩戸をひらき、雲路を押分け、先駆の神、後陣の神、威儀堂々と御降臨遊されたが、そのころ、世はまだ蒙昧の時代で、なお開けなかったので、御聖徳を慕ってこの西偏の地においでになっていたのである。思うに皇祖皇宗は神であらせられ、聖人であらせられた。よく世を治め給いて、多くの年数を経て、天祖降臨以来千三百八十余年に及んでいる。然るに遠い地方はやはり今日に至っても皇化に浴していない。到る処に君があり、長があって、各自に土地を領し、たがいに相争っている。さて、塩土老翁《しおつちのおじ》に、きいたところ、東方に豊饒な美しい国がある。四方青々として山に囲まれている。すでに天磐船《あまのいわふね》に乗って、その国に行った者もあるということである。想像するにその国はきっと、天皇として大業を弘め、天下を治むることのできる処で、恐らくわが国の中心であろう。そこにすでに行った者があるというのは、恐らく饒速日命《にぎはやひのみこと》と思われる。われらもその国へ行って都を定めてはどうであろう。（意訳）

どうも筋書をきめて綴った文章であることは各所に見える。「遠い地方には到る処に君があり長がいて相争い、皇化に浴しない」から征して服せしめようという動機なら侵略だ。が、事実は「東方に豊饒な美しい国がある」という製塩の神の話に動かされ、生活の楽園を求めての移動であったであろう。「四方青々と山に囲まれた国」は、大和地方を念頭においた書きぶりだが、東征の目的がはじめから大和地方であったかは疑わしい、途中で充分満足いく土地があったらそこで永住したにちがいない。

この自称天孫民族の集団移動は船で——船の隻数は不明だが——、日向国、いまの宮崎神宮のあるあたりから出帆、九州東海沿岸にそって北上し、速吸之門（豊予海峡）を抜けて筑紫の菟狭《うさ》（宇佐）や山岡水門（岡田宮）などに立寄り、周防灘を東進し安芸（広島県）の埃宮《えのみや》を経て翌年三月吉備（岡山県）高島宮で三年間滞留、日向を出発してから四年目に難波之碕（大阪）についている。

なるほどこの地方は日向の塩土老翁の耳にまで達するほど、青山に囲まれた豊饒の土地である。そのかわり土着の種族も多く、先住民族も多い。その中に新しい種族が割込んで行こうというのだから抵抗があることは当然のことである。しかしそれは天孫民族も充分覚悟の上であった。吉備の高島宮に三年間も滞留したことは、この抵抗に対処するための準備だったにちがいない。

戊午春二月（神武天皇橿原神宮にて即位二年前）難波之碕に接岸した天孫民族移動集団は、翌月河内国（奈良県）草香邑《くさかむら》の白肩之津《しろかた》に着き、ここで兵備をととのえ、徒歩で竜田に向い、これから本格的な天孫民族のいわゆる大和地方平定が、翌年己未までつづくわけだが、本書に関係ある部分だけ記すことにする。

夏四月丙申朔甲辰（九月）皇軍は兵を整えて、歩行で竜田へ向った。然るにその路狭く嶮にして、人が並んで行くことができないので、返ってさらに東の方へ出て、膽駒山《いこまやま》を越えて大和に入らせられしところ、長髄彦《ながすねひこ》という者、これを聞いて云う、「一体、天つ神の御子達がおいでになるのは、きっとわが国を奪うためであろう」と、盡く属兵を起して孔舎衙坂《くさかのさか》に迎えて会戦した。（日本書紀口訳　以下同じ）

大和地方には処々に先住民族がいた。これらの先住民族がこれまでに築きあげたじぶん達の権益を守るために烈しく抵抗した。まず一番に姿を現したのが長髄彦であった。

饒速日命の場合は心よく迎え、妹まで献じた長髄彦だったが、軍兵を催して進出してきた天皇には頑強な抵抗を示した。この合戦で御兄五瀬命《いつせのみこと》が流矢にあたって負傷するという事態さえ起った。

天皇御心配遊ばされ、策を御心の中に定め給うて「今、じぶんは日の神の子孫でありながら、日に向って戦うのは天道に逆らっている。退き還って兵力の弱いように見せかけ天神地祇を祭って後、日の神の威光を背に負い奉り、御影に任せて、敵を圧するに越したことはない。それなら、刃に血をぬらないで、虜は必ず自然に敗北するであろう」皆も「そうでございます」と御同意心申上げたので、陣中に「しばらく、軍をとどめ、また皆前進するな」と令し給うた。そこで軍を引き還されたが、賊軍も強いて追ってこなかった。

苦戦の末、勝算なしとみて、戦術転換である。

皇軍戦術を転じ船で南下し、紀ノ川の川口雄水門にきたとき、御兄五瀬命の傷がひどくなり、紀伊国（和歌山県）竈山《かまひやま》で薨去になる。「時に五瀬命の矢の瘡非常に痛くなられ、剣を撫しながら振い立って仰せられるには「如何にも残念である、大丈夫でありながら、手負を蒙って、報復もせず死ぬとは」因って時の人其の処を号して雄水門と曰った。進んで紀伊国の竈山に到って五瀬命はついに軍中に薨去遊ばされた」

『紀』の原文は「被傷於虜手《いやしきやっこのてをおいて》、報いずしてや死《やみ》なむとのたもふ」であるが、これが〈報復〉という意味の言葉が、わが古典に現れた最初のものである。

御兄五瀬命は恨みをのんで剣を撫しながら陣中に死んだ。この恨みをうけついで報復を誓われたのが神武帝である。時代こそちがえ後年の敵討の心理といささかの変りはない。

報復の時がきた。大和地方の平定もほぼ完成に近いその年の十二月、皇軍は再び怨敵長髄彦の軍と相対したのである。

「昔、孔舎衙《くさかの》の戦に五瀬命が矢に中って薨じ給うた。天皇はこの事を御心にかけさせられ、常に憤懣を抱かれていたので、この役には必勝を期せられ、御歌を詠み給うた」

そしてその歌がこの章のはじめに掲げた、「みつみつし」の二首の久米歌である。

神武天皇にすればこの度の戦は、御兄五瀬命の恨みを晴らす弔合戦であり、雪辱戦であり、報復戦である。全軍必死の覚悟で戦ったが、相手もさるもの、容易に勝負がつかない、それどころか旗色はどうもこちらが悪い、しかし天祐があった。

時に忽ち天が陰って、みぞれが降った。そこに金色の霊鵄が一羽とんできて、天皇の御弓の弭《はず》に止まった。その鵄は光り輝いて、流電のようであった。この光にうたれて長髄彦の兵隊共は目がくらみ、再び力戦することはできなかった。

戦前の者なら誰でも知っている有名な話である。この伝説から金鵄勲章が生れたり、安価で味のよい金鵄という煙草が生れたりして国民を有りがたがらせたものである。

戦意を喪失した長髄彦は、外交交渉によって、じぶんに有利な解決をしようとするが、天皇より先に下向して、長髄彦の妹婿になっていた饒速日命が義兄の邪悪な性をよく知っていたので、長髄彦を殺してその部下を引つれて天皇に帰順した。結果は天皇の手で直接御兄五瀬命の讐を報ずるという希望通りにはならなかったが、この戦に報復の色彩が濃厚にあったことには変りはない。

二　敵討第一号

神武天皇の東征〈討ちてし止まん〉は後年でいう弔合戦で報復にはちがいないが、これを敵討に入れると、毛利元就の厳島合戦、豊臣秀吉の山崎の合戦等も敵討に入れなければならないし、この種の合戦は源平時代以後、南北朝室町時代、ことに戦国時代になると数限りがない。そのため敵討も後期に入ると、この種の弔合戦は慣例的に敵討には入れなくなった。だが本章の眉輪王の安康天皇殺害になると、まぎれもない敵討で、

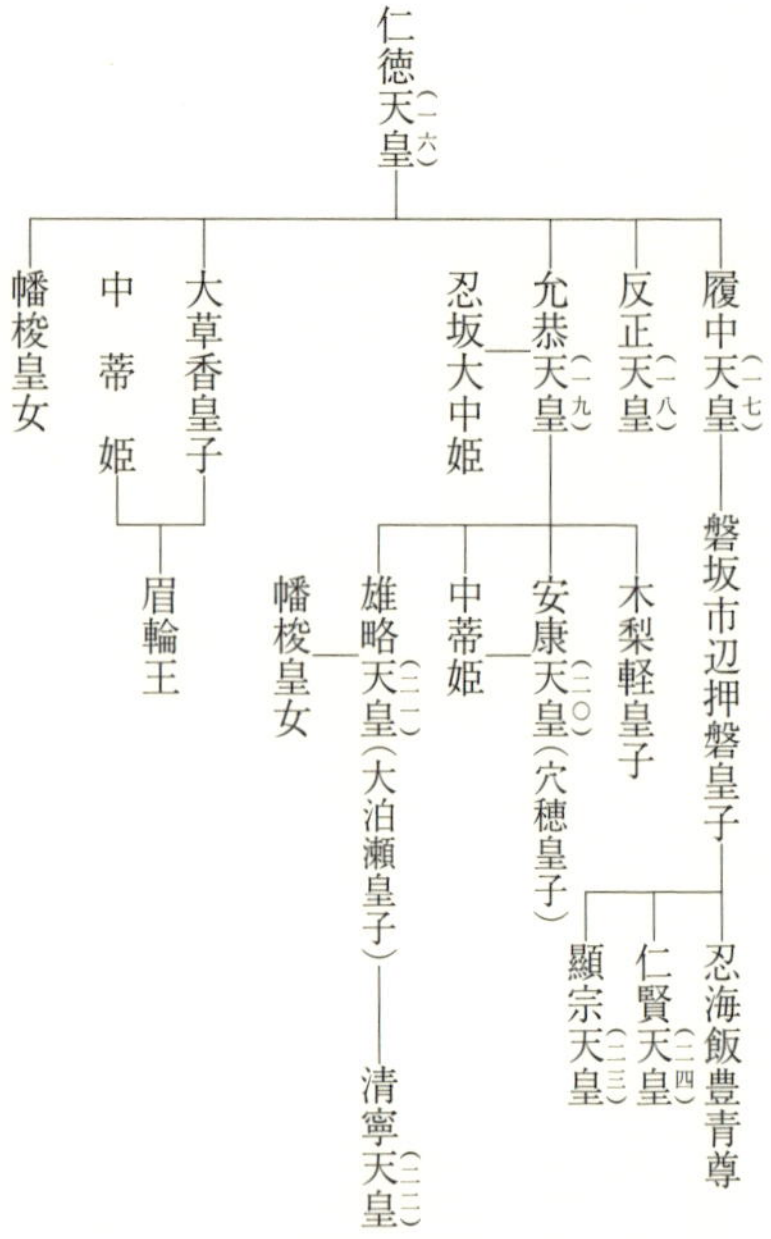

その点からわが国史上に記された最初の敵討とされている。出典は日本書紀・古事記等の古典で、簡単に事件を説明すれば、人皇二〇代安康天皇が叔父に当る草香皇子を殺し、大草香皇子の妃中蒂《なかし》姫を后にされことから、大草香皇子と中蒂姫の間に生れた眉輪王《まよりおう》に父の讐として殺された事件である。『古事記』に拠るとこのとき討たれた安康天皇は五六歳、討った眉輪王は七歳だった。

　どうもこの辺りの天皇は現代の倫理観や道徳観念からみると、とんでもない人たちばかりである。骨肉の殺しあいはもちろんのこと、近親結婚など茶飯事で叔父を殺して叔母を妃にしたり、甚だしきに至っては兄妹相姦など平気で行われている。現代からすれば目をおおう醜態であるが、この日本最初の敵討事件なども少なからずこの獣物的色彩が濃い。

　安康天皇の兄、木梨軽皇子は皇太子であったとき、同母妹というから実妹の軽大娘皇女と密通し、事露顕し、「太子は是れ儲君たり、罪する事を得ず、則ち軽大娘皇女を伊予に流す」と『日本書紀』にいうように、太子は罪をのがれたものの、軽大娘皇女は憐れ女性の身でわが国流人第一号になった。

　この兄妹相姦事件があってから一八年、御父允恭天皇が八一歳で死去、本来なら太子の故をもって相姦の罪をまぬかれた木梨軽皇子が即位しなければならないがここでまた事件が起きた。

　冬十月瘞礼《みものこと》(1)畢れり。是の時太子暴虐行たまひ、婦女に淫《たわ》けたまふ。國人誹《そし》りまつる。群臣従わずして、悉《ことごと》く穴穂皇子（安康天皇）につきぬ。爰に太子穴穂皇子を襲はむと欲して、密に兵を設く。穴穂皇子また兵を興してまさに戦はむとす。時に太子、群臣従はず、百姓逆き違ふことを知りて、乃《すなわ》ち出でて物部大前宿祢の家に匿れたまふ。穴穂皇子聞きてこれを囲む。（日本書紀）

この『日本書紀』の記述によると、木梨軽太子の素行がよくない、舎弟の穴穂皇子に人気が集ったので、これを除かんと企らんだが、形勢不利と見て大前宿祢の家に逃げ、穴穂皇子に包囲される。

穴穂皇子は太子が逃げこんだ大前宿祢の邸を取囲むと、門前で大声で歌をうたっている。

大前、小前宿祢が、金門蔭《かなとかげ》、かく寄めりきね、雨立ち止めむ

（者共よ、大前小前宿祢の門の陰に、この通り寄って来い。立寄って雨の止むのを待とう）

この歌をきいた大前宿祢は返歌《かえしうた》して、

宮人の、脚結《あゆい》の小鈴、落ちにきと、宮人動揺《どよ》む、里人もゆめ

（宮人が脚結の小鈴が落ちたといって騒いでいる。そんな小さいことで、宮人も里人も騒ぐまいぞ、今私がよいように取計うてやる）

そして大前宿祢は太子に自刃をすすめ、太子の首を打って穴穂皇子に差出す。『古事記』では大前宿祢は太子を縛して差出し、太子は伊予に流配となっている。

いずれにしてもこの事件は皇位争いの匂いが濃厚である。

兄君の皇太子木梨軽皇子を排して皇位についた穴穂皇子すなわち安康天皇は、弟大泊瀬皇子（後の雄略天皇）のために叔父大草香皇子の妹幡梭《はたひ》皇女を配せんと根使主《ねのおみ》を使者として申込んだ。

この大泊瀬皇子がまた大へんな人物で、その前に反正天皇の皇女たちに結婚を申込んでいるが、片っ端か

ら嫌われている。嫌った女たちの云い分はこうだ。

「大泊瀬皇子は乱暴で強情で、短気で怒りっぽく、朝に見ゆる者は夕に殺され、夕に見ゆる者は朝に殺される。私たちは、器量も醜く、気も利かない、もし毛ほどでも皇子のお気に召さぬことがあれば殺されてしまうでしょう、みすみす殺されに行く気はございません」

これが必ずしも誇張でないことはその後の皇子の行状が証明している。

大草香皇子もこの暴君にじぶんの愛する妹を差上げることは内心困惑したにちがいない。しかし天皇のお言葉であれば拒むわけにはいかない。

「私は日ごろ持病があって癒ゆることはありません。しかし死は寿命だから仕方ないことです。ただ妹幡俊姫が孤児になると思うと死ぬにも死にきれません。いま陛下がその醜さも嫌いたまわずお召し下さる、これにまさるよろこびはございません。どうして大命に反きましょう。赤心の証に私の宝押木珠縵《おしきのたまかづら》を天皇へ献上いたします。お持帰り下さい」

といって根使主に家宝の押木珠縵を渡した。これがいけなかった。強欲で肚悪く執拗な根使主はこの宝物の麗美さに憑かれ、天皇には、「大草香皇子はいかに天皇のお言葉でも、じぶんの妹を大泊瀬皇子にやることはできないと拒絶なさいました」と言上し、預った押木珠縵は猫ばばしてしまった。

まことにお粗末な筋書であるが、天皇はこの邪言《よこしまごと》を信じ、大いに怒り、兵を出して大草香皇子の邸を囲み、皇子を殺害してしまった。

この惨事にはさらにいま一つの惨事が付録されている。皇子の臣に難波吉日香蚊《なにわのきしひかか》という者がいた。息子二人と一緒に皇子の身辺に仕えていた。父子三人はこの皇子の無惨な死に、その屍にすがりついて悲しみ、則ち父は王の頚を抱き、二子は各々《おのおの》王の足を執りて、唱へて曰く、吾が君罪なくして以て死にたまふ。悲しきかな、我が父子三人、生きますときは之に事へ、死にますときは殉《したが》はず、是れ臣にあらず、即ち自ら刎《くびは》ねて皇屍《みかばね》の側に死にぬ。軍衆悉く流涕《かなし》ふ。

父子三人殉死している。しかしこの殉死のことは『古事記』には出ていない。

ここまでは、強慾肚悪な使者根使の邪心から起った惨事として、いささかの疑問や不審を感じながらも、一応納得できる。だが次の文を読むに至って、このいささかの疑問と不信が俄然大きくなる。

爰に大草香皇子の妻中蒂《なかし》姫を取りて宮中に納れ、因りて妃と為したまふ。復た遂に幡梭皇女を喚して、大泊瀬皇子に配《めあわ》せたまう。是年、太歳甲午。

と、ある。太歳甲午は皇暦一一一四年、西暦四五四年安康天皇即位の翌年である。

安康天皇は叔父の大草香皇子がじぶんの命を奉じないという使者の嘘言を軽薄にも鵜のみにして、即刻兵を出して叔父を殺し、義理の叔母の中帯姫をつれてきて妃にするばかりか、問題の幡梭皇女も召してならず者の誉れ高い弟大泊瀬皇子に配している。あまり手ぎわが鮮かすぎて、使者根使主の邪言も大草香皇子を消すための筋立ての匂いが濃い。こんな悪らつな筋立てがあったとすれば、筋立てしたのは紛れもなく安康天皇自身であり大泊瀬皇子その人と断ずるよりほかない。

当時、神武天皇即位から一千年以上の歳月を重ねている、換言すれば日本建国以来一千年以上を経ていることになる。しかしこれは後世になって後世の者が想像で造形した歴史だからアテにはならないが、ともかくこのころまでは——あるいはその後も相当の期間同様であるかもしれないが——国民の第一番の指導者であるべき天皇を筆頭にその周辺のいわゆる貴族階級といえども、精神的にまことに未開で倫理や道徳は無論のこと秩序分別などもまだ生れず、本能のままに動く原始的野蛮さ、そのままであったと想像される。しかもそれは男性だけではない、女性たりとも変りなかった。

夫を罪なくして無惨にも殺された大草香皇子の妃中蒂姫は、夫を殺した怨敵安康天皇からお召しがあると、皇子の遺児眉輪王を連れ子して易々として宮中にあがり皇后におさまっているし、大草香皇子の妹幡梭姫も同様、大泊瀬皇子の妃になり皇子即位とともに皇后になる。第一級の女性にして斯の如しである。しかしそんなことをここで口を尖らせる必要はない。なんせ数千年前のことだ、しかもあるかないかさえはっきりしない時代のことだ。

ともあれ安康天皇と皇后中蒂姫との夫婦仲は悪くはなかったらしい。いま暫らく『日本書紀』を引用していこう。

三年八月(2)、天皇沐浴せむと意《おも》ほして(3)、山宮に幸す。遂に樓に登りまして遊目《みあそび》たもふ。因りて酒を命《め》して肆宴《とよのあかりきこし》(4)す。爾して乃ち情解けて楽極めたまふ。間《まじ》ふるに言談《みものがたり》を以てし、竊《ひそか》に皇后に謂りて曰く、吾妹《わがもて》(5)、汝親昵《いましむつまし》と雖も、朕れ眉輪王を畏ると。

『日本書紀』では「朕れ眉輪を畏る」と、これだけで簡単に片づけているが、『古事記』ではややくわしい。その時皇后と御物語があって、「御身は何か思っている事があるのではないか」と仰せられると、皇后は「いいえ、いいえ妾は大君の厚いお情を蒙って居りますから、何も思うことはございません」と申された。さて皇后の先の夫の御子目弱王（書紀では眉輪王）は今年七歳におなりである。この御子がたまたま御殿の下で遊んでいられたが、天皇は御存じなく、皇后に「朕は常に心に掛っていることがある。それは御身が生んだ目弱王が成長した後、父王が朕に殺されたことを知ったら、復讐の念にかられて、悪心を起しはせぬか」ということである。

『書紀』の説明不足を補っている。

ここで留意したいのはまだ人間の倫理も社会道徳も発達しなかった時代に、すでに復讐、敵討という観念があったことである。敵討が原始的であると同時に文化的である理由もこの辺に存在するであろう。

『古事記』の記述のように七歳の眉輪王は、この秘密をはじめて知ったのか、前から知っていたものが天皇の談で急に復讐にかりたてられたのか。

「既にして天皇、皇后の膝に枕したまいて、書に酔いて眠臥《みねふり》したまへり。是に於て、眉輪王其の熟睡《とけてみね》ませるを伺ひて刺殺せらる」『書紀』の記述である。

こうしてわが国における敵討第一号は、年齢わずか七歳の高貴の少年によっていとも簡単になされたわけだが、これだけの記述では幾つかの疑問が起る。第一、七歳の童子の行動としては出来すぎているのが不審だし、刺殺の現場に母親の皇后がいたかどうかもはっきりしない。殊に腑におちないのはこの事件直後の大泊瀬皇子（雄略天皇）の行動である。これについては『書紀』も『古事記』も大体同様であるが、『古事記』の方が簡潔で理解しやすいからこれを主として、『書紀』も参照しながら説明しよう。

天皇（安康天皇）の御頭をお斬り申した眉輪王は都夫良富美《つぶら》(6)の家に逃げ込まれた。

という前段があって、
さて大泊瀬皇子は眉輪王が天皇を弑し奉った事をお聞きになって、悔しがり怨み憤って、直ちに御兄の黒日子王(7)の御許に行かれて、「人が天皇を弑し奉りました。いかが致しましょう」と仰せられた。然るに黒日子王は格別驚いた様子もなく、平然としていられたので、大泊瀬皇子は兄君を大いに罵しり「天皇であり兄君である方が殺されても、あなたはなんともありませんか」と激怒して早速王の衣服の襟を掴んで外に引ずり出し、太刀を抜いて殺しておしまいになった。それより御兄の白日子王[8]の処に行き、前のように変事をお告げになると、此の王もまた黒日子王と同様に驚いた様子もなかったので、すぐさま襟首を掴んで引きずり出し、小治田《おはりだ》[9]に連れて行って穴を掘り、立ちながら生埋めにされたが、腰まで埋めて行った時、両眼が飛び出してお亡くなりになった。

なおこの条を『日本書紀』は次のように述べる。「穴穂天皇（安康天皇）眉輪王の為に弑せられ給ふ。天皇（大泊瀬皇子）大いに驚きたまひ、即ち兄等《いろねたち》を猜《うたが》ひたまひて、甲を被り刀を帯き、兵を率いて自ら将《きみ》となり云々」

これはまさにクーデターの様相である。もっとも古事記でも眉輪王が逃げ込んでいる都天良富美の邸襲撃になると軍兵を催している。

「大泊瀬皇子は軍勢を引連れて、都夫良富美の家をお囲みになった。彼方でも軍兵を集め待ち受けて戦い、射出す矢は葦の花が風で散ってくるようであった。其の時大泊瀬皇子は矛《ほこ》を杖に、都夫良富美の家の中をお覗きになり「じぶんが云い交わしてある姫は居ないか」と仰せられた。そこで都夫良富美は進み出で、身に帯びた武器を解き八度伏し拝み「先に妻嬬《つまごい》遊ばされた娘の訶良比売《からひめ》は差上げましょう。また五ケ所の領地も献上いたしましょう。しかし眉輪王さまを差出さぬわけは、昔から今日まで臣や連《むらじ》の者共が皇族の御殿へ身を寄せた例はきいていますが、皇族が臣下の家に身を寄せられた例はきいたことがありません。それを考えますと、たとえこの身を滅しても眉輪王をお護り申上げねばなりません」と云って、再び武器をとり、邸内に入って応戦した。しかしやがて力尽き、矢玉尽きたので、眉輪王に向って「もはやこれまでです、如何致しましょう」と申上げると「それではおまえの手でじぶんを殺してくれ」と仰せられたので皇子を刺殺し、じぶんも自ら頚を斬って死んだ」

敵討第一号の段階では目出度く父の仇を報じても、推賞されるところまできていない。日本書紀では眉輪王の最期は『古事記』と少々ちがっている。都夫良富美（『書紀』では円大臣《つぶらのおおおみ》）は詞良比売（韓媛）と領地を献上する条件で、眉輪王の罪を贖わんとするが、許されず、「火を縦《はな》ち宅を燔《や》きたまふ。是に於て都夫良富美、眉輪王と倶に燔死《やきころ》されぬ」と、なっている。

いずれにしても結果は悲惨であったというよりほかない。

こうしてわが国敵討第一号は終っているが、どうもこの事件は、発端から完結まで、天皇家の横暴と、同族相食む醜悪な地獄図をあざやかに描きだしている。

三　討たざる敵討

歴代天皇のなかで二一代雄略天皇ほど毀誉相半ばしている天子はあるまい。養蚕を盛んにして産業の向上を促したり、朝鮮半島と交流して国威の伸張を図ったりした半面、前章でも述べた通り多くの肉親を虐殺している。市辺押磐皇子《いちのへのおしはのみこ》もその毒手にかかった一人である。

市辺押磐皇子は一七代履中天皇の子で、安康天皇や雄略天皇の従兄になる（前節系図参照）。安康天皇と仲がよく、安康天皇はかねがねこの皇子に皇位を譲り後事を托そうと考えていられたし、時どき側近にもその意を洩らしていられた。この厚意が皇子には仇となった。

安康天皇の不慮の死は前章で述べた通りだ。不慮の死だっただけにまだ皇太子もきまっていなかった。こんな場合正常の時でさえ跡継ぎでもめるものだ。皇位に一番野望を燃やしていたのは安康天皇の弟大泊瀬皇子、後の雄略天皇だったことは事件前後の彼の行動から明らかである。彼は兄王安康天皇殺害の騒ぎに乗じて素早く兄君八釣白彦《やつりのしらひこ》皇子、坂合黒彦《さかあいのくろひこ》皇子を殺した。残る邪魔者は市辺押磐皇子だけである。なんとかして片づけねばならない。狩に誘ってだまし討にすることにした。

安康天皇の大事があってから七ヶ月目、すなわちその歳の冬十月、大泊瀬皇子は近江の佐々紀の山君（山部の長）韓俗《やまぶくろ》という者に申しつけて、

「近江の久多綿《くたわた》の蚊屋野《かやの》には、猪や鹿が沢山おります。その群がり立っている足は薄の原のようであり、さしあげた角は枯木の林のようであります。神無月の月のすずしい夜、寒風のおだやかな朝、蚊屋野の狩場に行って狩りを楽しみましょう」

と、誘った。もとより大泊瀬皇子に悪逆な謀ごとのあろうとは知らない市辺押磐皇子はよろこんで承知して同行する。

殺しの情景を『古事記』は次のように記している。

狩野にお着きになると、それぞれ別々の假宮を拵えてお泊りになった。その翌朝早く、まだ日も出ないうちに、押磐皇子は何心なく馬にお乗りになったまま「大泊瀬皇子はまだお目ざめでないか、お誘いにあがったことを早く申上げてくれ、夜は明けました、早く狩場においでなさい」といって馬を進めて狩場においでになった。そこで大泊瀬皇子のお側の者は「御乗馬のままこんなことをいわれました。お気づきかもしれませんよ。御用心なさいませ、十分に御身を固めておいでになったがよろしゅうございます」と大泊瀬皇子に申上げた。そこでお召物の下に鎧を着て、弓矢を携え馬に乗っておいでになり、すぐ追いついて、押磐皇子と馬をお並べになり、矢を一本抜き取って、王を馬から射落して、やがてその

御体を切って馬槽《うまぶね》（飼葉をやる器）に入れ、平地と等しく埋めておしまいになった。

双方ともお付の者もいたであろうが、それについては何も触れていない。『書紀』になるとすこし趣をちがえている。併せて掲げておこう。

是に於て大泊瀬天皇弓を彎《ひ》き馬を驟《は》せ、猪有りと曰《のたま》ひて、即ち市辺押磐皇子の帳内《とねり》佐伯部売輪《さえきのべうるわ》、屍を抱きて、駭惋《いわけあわ》てて所由《せむすべ》を解《し》らず。反側呼號《こけまろびよびさけび》、頭脚《あたまくら》に往還《ゆきかよ》ふ。天皇尚誅《みなごろ》しつ。

こうなると虐殺である。

市辺押磐皇子の弟御馬《みうまの》皇子も同じ月に殺されている。

こうして皇位関係者を皆殺しにした大泊瀬皇子はその翌月、十一月壬子朔甲子、有司に命じ、壇《たかみくら》を泊瀬《はつせ》の朝倉に設けて、天皇の位についている。

市辺押盤皇子には二人の王子があった。兄を億計《おけ》王といい弟を弘計《こけ》王と称した。兄弟は蚊屋野における父の横死をきくと、難をさけて、帳内《とねり》の下部連使主《くさかべのむらじおみ》とその子吾田彦《あたひこ》に伴われ丹波国（京都府）餘社郡に逃げた。ここで使主は名を田疾来《たとく》と変えたが、追手のくるのを恐れて、ひとりひそかに播磨国（兵庫県）に逃げ縮見山《しじみやま》の岩屋に入って首を縊って死んだ。

よるべない旅先で、たよりにしていた使主ににげられ、少年三人は途方にくれたが、王子兄弟は生れつきさとしい性質だったので、使主が行ったと思われる播磨国赤石郡に行き、ともに丹波小子《たんばわらわ》と名乗り、縮見《しじみ》屯倉首《みくらのおさ》に仕えた。主は忍海部造細目といった。こんな逆境におちても吾田彦は王子の側を離れずよく仕えた。

清寧天皇の二年というから兄弟王子が都を逃亡してから二三年も経た歳の冬十一月、播磨国司来目部小楯が、田租収斂のため自ら赤石郡にやってきた。たまたま縮見屯倉首は家を新築して、夜昼その祝宴を催していたときで、弟の弘計王が兄の億計王に、「禍をさけてここに来てからもう幾年になりましょう。今宵こそわれわれの本名を名乗り、身分を明かす時です」と、いわれた。

慎重な兄君は深く考えてから、

「素性を明かして殺されるのと、身を全うして厄を免れるのと、どちらがよいだろうか」と涙を流しながらいわれた。

「じぶんたちは履仲天皇の御孫です。それなのに人に追い使われて牛馬を飼っています。こんな惨めな思いをして生きているより素性を明かして殺されたがましです」と、いって兄君の手をとって嗚咽された。

兄君は弟を抱いて咽び入られた。ややあって兄君が、

「条理正しく人びとが納得するように素性を明かすことのできるのはあなたよりほかにない」と、いった。

「不才の私にどうしてそれができましょう、それのできるのは兄君よりほかありません」

「いや、貴方は秀れた賢明の人です。たれも貴方にすぎる者はない」

おたがい相譲ること二たび三たび、とうとう弟の弘計王が素性を明かすことになった。

この相譲は『記・紀』ともに記し、兄弟謙譲の美徳としているが現代人の感覚では却って責任回避のようにとれる。古代と現代の感覚の相違であろう。もっとも二公子はこれからも事毎にこの美徳を発揮する。

国司の来訪があって屯倉首の新築祝は殊さら盛んにその夜も続いた。兄弟王子はいつものように灯の番になり竈《かまど》の傍《かたわ》らに控えていた。やがて夜も更け、酒宴はいよいよ酣《たけなわ》になり、みんな順次に歌をうたい舞をまった。

そのとき屯倉首《みくらのおさ》が賓客の国司小楯に向って、「この二人の火の番をよく見ていますと、人を貴んで自分を賤くし、人を先にして自分を賤にし、立居振舞もうやうやしく法に適い、つつしみ深く礼儀作法もよい。貴族

の家の子ではないかと思います」と、いった。

見る者はちゃんと見ていたのである。そこで国司はみずから琴を弾じ二人に向って「起って舞え」と命じた。ここでも兄弟は、兄さんから、いやお前からと謙譲の美徳を発揮してグズグズしていると、国司に「何をぐずぐずしている、早く舞え」と、責められ、兄の億計王が立って舞った。それが終ると弟の弘計王が身づくろいを整え、

「新しいこのお家は、目出たいお家、築き上げた柱の揺るがないのは、この家の主人のお心が鎮まっていることだ、とりあげた棟梁の……」と、目出たい室寿（新築祝い）を国司の琴の音にあわせて歌った。

「面白い、もう一度ききたいものだ」

国司は感心して所望する。そこでこんどは殊舞《たつまい》をやった。殊舞というのは起ちながら舞い、居ながら舞うもので昔はこれを立出舞《たつまい》といったものである。いうまでもなく当時は歌にしろ舞にしろ即席即興で、自由勝手に歌い踊るのである。

舞いおわると弘計王は毅然たる態度になり、「吾等が故郷は大和浅茅原《あさじがはら》、じぶんは弟である……」といわれた。

恐らく一座は咄嗟の判断はできなかったであろう。

「なんという、いまいちど云ってくれ」

国司小楯は耳を疑いながら聞き返す。

「尊い杉の木を伐り払い建てられた市辺宮で、天下を治しめした押磐尊はわれらの父君であるぞ」

以上は『日本書紀』に拠るものだが、『古事記』はこの劇的場景を次のように描写する。

ここに山部連小楯《やまべのむらじこたて》、針間国《はりまのくに》の宰《みこともち》に任《まか》れる時に、其の国の人民《おおみたち》名は志自牟《しじむ》が新室《にいむろ》に到りて楽《うたげ》す。是に盛《さか》りに楽げて酣《なかば》なるとき、次第《ついで》のままに皆舞ひぬ。かれ火焼少子《ひたきわらわ》二人竈《かま》の辺《へ》に居たる。其の少子等にも舞はしむに、其の一人の小子「汝兄《なせ》先づ舞ひたまへ」と曰へば、其の兄も「汝弟《なおと》先づ舞ひたまへ」と曰ふ。かく相譲る時に、其の會《つど》へる人等其の譲る状《さま》を咲《わら》ひき。かれ遂《つい》に兄先づ舞ひ訖《おわ》りて、次に弟《おと》舞はむとする時に、詠《ながめごと》しつらく、

物部《もののべ》の、我が夫子《せこ》が、取り佩《は》ける。大刀の手上《てがみ》に、丹《にか》書き著け、其の緒には、赤幡《あかはた》を裁《た》ち、赤幡立てて見ればり隠る。山の三尾《みを》の、竹を本かき苅り、末押し靡かす、なす八弦《やつを》の琴の調べたる如《ごと》、天下治め賜ひし伊邪本和気天皇《いさほわけのすめらみこと》の御子、市辺の押歯王《おしは》の奴《やっこ》御末。

とのりたまへば、即ち小楯連《をだてのむらじ》聞き驚きて、床より堕《お》ち転《まろ》びて、其の室なる人等を追ひ出して、其の二柱の王子《みこ》を左右の膝上に坐《ま》せまつりて、泣き悲しみて、人民《たみ》ども集《つど》へて、假宮を作りて、其の假宮に坐せまつり置きて、駅馬貢上《はゆまづかいたてまつ》りき、是《ここ》に其の御姨飯富王《みおばいいとみおう》聞き歓ばして、宮に上らしめたまいき。

〈歌の意味。立派な武士が身に帯びている大刀の柄には、赤い絵具で色彩し、その大刀の組紐には赤服《あかはた》を裁ってつけ、また赤幡を押立てて、如何にも目立つ姿していても、忽ちに隠れて見えないほど茂っている山の裾の竹の本を切り、其の末を押し靡かすように、また八絃の琴を調べ整えるように、天下を治め整えさせられた伊邪本和気天皇〈履仲天皇〉の御子の、市辺押歯王〈市辺押磐皇子〉の御子等である、かく申す我々は〉

『日本書紀』と大同小異である。

当時天皇は雄略天皇すでに崩御、御子清寧天皇（白髪天皇）が皇位にあらせれた。この天子は先帝の第三子で、生れながら髪が白く、御父雄略天皇の御子に似合わず慈悲深い天皇で、百官はじめ人民は父の如く心

服敬慕していた。播磨国司小楯が京に上って二王を迎え奉ることを奏請すると（日本書紀）、天皇はいたく喜ばれ、「朕には子供がない、お世継にしよう」と仰せられ、大臣大連《おおおみおおむらじ》たちとも相談あって、改めて小楯を使者として赤石まで迎えにやり、正式に宮中に迎え入れられた。清寧天皇三年春正月の事であった。そしてその歳の四月、天皇は長幼の順に従って兄億計王を皇太子に立てられ、弟弘計王を皇子とせられた。

五年正月、天皇崩御、当然皇太子億計王が即位あるべきだが、弟弘計王に譲って即位されない。弘計王もまたお受けしない、仕方ないので御姉飯豊青《いとよあをの》皇女（『古事記』では叔母になっている）が忍海角刺宮で国政に当られた。なかなかの善政だったとみえ、当時の歌人は次のように歌っている。

倭辺に、見がほしものは、忍海の、この高城なる、角刺宮

が、この飯豊青皇女もその歳の冬十一月薨去された。翌十二月朝廷では大会議を開いた。このとき皇太子億計王は弘計王を天皇御座所に据え、じぶんは臣下の座につき再拝して、「天皇の御位は勲功のある方がおつきになるものです。二人が播磨で貴い身分であることを現わし、京へ迎えられたのもみなあなたの謀によるものです」と弟君を推された。

弟君は先帝が兄君を皇太子にお立てになったのは兄君を皇位につかせるためである、先帝の御遺志をないがしろにしてはならないと力説し、さらに、

「兄君をさしおいて弟が皇位につくべきではない。人の弟として貴い所は兄に仕えてその難を遁れしめ、兄の徳を明かにしてその困難を救い、そして自分は兄の地位に立たないことである。弟が兄の地位に立つことは恭敬の道に反する。兄は弟をいつくしみ、弟は兄を敬するのが、易うべからざる道であると古老にきいている。どうしてじぶんが兄君を軽んずることができましょう」と、頑としてこれを拒否する。

これはまさしく儒教の訓である。百済《くだら》の王仁《わに》が治工、醸酒人、呉服師を率いて来朝し、論語十巻、千字文一巻を献上したのは、応神天皇の八五年でちょうどこの当時から二〇〇年前である。これよりあまり遠くない過去に雄略天皇のような反儒教的所業があったとはいえ、日本の精神文化も原始野蛮の闇から少しずつ脱してきたことを現わしている。

これにたいし兄皇太子は禅譲を主張して譲らない。ついに弘計王も兄君の意志に逆らってはならぬと考えて承諾した。

兄億計王と臣下百官に押されて弘計王は皇位についたが、それにつけても忘れられぬのは父押磐皇子の非業の最後であった。

「父君は難に遭い荒野の中で死去なされた。われらは難をさけて播磨の奥に身を隠した。一生埋木で滅ぶるところを父君のお加護によって再び京に迎えられ皇位につくに至った。せめて父君のお骨でも捜し求めたいが知る人もいない、悲しい極みである……」

思いは兄君億計王も同じである。兄弟は手をとりあって涙することも度々であった。たまたま近江国狭々《ささ》城山《きやま》君の祖倭俗宿弥《やまとふくろすくね》の妹で置目《おきめ》という老婆が埋めてある場所を知っていると申し出たので、天皇・皇太子（億計王）は共に近江国来田綿に行幸され、置目の案内で蚊屋野の現場を掘ってみると、老女の言葉通り父君のお骨と舎人《とねり》の佐伯仲子《さえきのなかちこ》の骨が一緒になって出てきた。兄弟は地に伏して慟哭された。それにしても父君と舎人の骨の判別はできず当惑していたが父君の乳母が仲子は上の前歯が欠け落ちていたという証言で、頭の骨だけは判別でき、現場に同じ墓を二つ並べてつくり、改めて埋葬して、盛大に御葬儀を行われた。

こうしたことがかつての悲痛な思い出をあらたにし、それはそのまま雄略天皇への耐え難い怨みに新しい

油をそそぐ。天皇は御兄皇太子に、

「父君はなんの罪もないのに射殺され、屍は野原に捨てられました。父君の屍を思うと私の胸は張りさけるばかりです。父の讐は倶に天を戴かずと申します。しかし讐はすでに地下に眠っている。せめて陵をあばき、その骨を揣《くだ》いて投げ散らし、父の怨みを晴したい。このようにして復讐するのも孝行ではないでしょうか」

怒の涙に頬を濡らしながら提案した。億計王にしても同じ気持である。自分が先に切りだせばよりさらに烈しく厳しいことを提案しないとも限らない。だがとびついて行きたい衝動を必死におさえて、

「それはなりませぬ。雄略天皇は正しく天下に君臨し万機を総攬された天皇です。わが父君は天皇の御子ながら皇位におつきになりませんでした。この尊卑を無視して、陵墓を破壊せられるなら、一体誰を君として天つ神の御霊に仕え奉ることができましょう。さらに私共は清寧天皇の厚い御寵愛によって今日の幸福を得ました。雄略天皇は清寧天皇の御父君です。御父君の陵墓を辱めることは恩に報ゆるに仇ですることになります。これだけ申上げれば御賢明な陛下には御明察頂けると思います」

『古事記』では億計王が雄略天皇の御陵に赴き、墓の土を一握り持ち帰ってくることになっているが、いずれにしても討たざる敵討であることには変りはない。

この話は『日本書紀』『古事記』に出ているもので、その信憑性は疑われるにしても、その後、語り伝えられる数多くの敵討噺の中で、もっとも美しくしかも人間の悲しさとあわれさをこれほど深刻に語りかけているものはない。

注

（1）瘞礼、瘞は埋むる意味、中國にては地の神を祀るときその供物を埋むる儀式。墓所の意味もある。允恭天皇の薨去は四二年春正月であるから、瘞禮の終ったというのは十ヶ月經っている。そんなことから考えあわせると、中國流で御墓地に供物など埋める儀式と想像される。

（2）天皇即位から三年八月目。

（3）古事記では「神祭の齋床に居られて」となっている。

（4）肆は「ほしいまま」である。盛宴の意味であろう。

（5）妻を稲して妹《いも》と云う、古の俗。

（6）都夫良富美、書紀では葛城円大臣《かつらぎつぶらおおおみ》。

（7）黑日子王、書紀では坂合黑彦皇子《さかあいのくろひこのみこ》。

（8）白日子王、書紀では八釣白彦皇子《やつりしろひこのみこ》。

（9）小治田、大和國（奈良県）高市郡飛鳥村の中。

第三章　中古の敵討

一　奈良期には敵討事例見当らず

本章では記紀以後源平以前すなわち奈良、平安両朝における敵討を述べるつもりであるが、奈良朝には敵討らしい敵討の資料がないので、主として平安朝のそれを述べることになる。

奈良朝は元明、元正、聖武、孝謙、淳仁、称徳、光仁の七代七〇余年間で、当時の人はこれを詠歎して「咲く花の匂うが如く……」などといっているが、それはほんとに一握りの貴族階級だけのことで、国民の大多数は跣でボロをまとい粥をすすって牛馬のようにコキ使われた時代であった。もっともこの国民の絶望的惨めさはこの時代に限ったことでなく、次にくる平安朝にもそのままのかたちで持越されるが……。

しかしこの時代になってわが国のかたちがまがりなりにも国家として一応整ったといってよかろう。それは単に政治上からだけでなく宗教、文字、美術工芸などにいたるまで画期的発展をみせたことは事実で、前章に終始引用した『古事記』『日本書紀』などもこの時代にできたものであり、正倉院や奈良の大仏など今日においても日本が世界に誇り得る建造物など当時の国民の膏血を搾りあげて完成している。この時代の書籍に『経国集』というものがある。書そのものは平安朝の初期に成ったものだが、内容は奈良朝から平安朝にかけての詩文集で全二〇巻からなり、その二〇策の部に次のような一文がある。

問明主立法レ殺人者處レ死、先王制レ禮、父讐不レ同レ天、因レ禮復レ讐、既違二國憲一、守レ法忍怨、爰失二子道一、失一子道不孝、違二國憲者不臣、惟法惟禮、何用何捨、臣子之道、兩済得無

神蟲麿呂

天平五年七月廿九日

また『鷲峯文集』五七擬對策にも、

禮兄弟之仇不レ反レ兵、若奉二君命一而使二於四方一、遇二塗干仇一、則如レ之何哉、欲レ報二罕逢之仇一、乃辱二
專對之職一、不レ失二行人一、爭全二天倫之道一、同氣連、枝雖レ不レ能レ忍也、奉レ命飲氷之所レ難レ廢矣、方二
是之時一也、敦用捨焉、

さらに『たはれぐさ』にも、

父母の仇には、ともに天下を倶にせずと云へるも、周の季世、世の中乱国となり、この国の号令、かの国に及ばず、凶を入れ叛をまねく風儀、はやりたる時のことなるべし。今の時は、まことに八洲の外まで、なびかぬ草木もなく、めでたき一統の御代なれば、人の親を殺せる者あらば、いかにしても尋ねだし、其のつみをただし給うべきに、その子にまかせおかれ、生殺の権を下にかし給ふは、いかなる故にか。

いずれも敵討に対する疑義を述べた文のようであり、こうした文章が見られることからもこの時代も敵討があったにちがいないが、肝腎の事例の発見は困難である。

平安朝になると期間も長いし、殊にその後半は武家抬頭の時代であるため、かなり多くの事例が正史、伝説、その他いろいろな道筋で残っている。

二　将門記

平安朝を人皇五〇代桓武天皇の平安（京都）遷都から八〇代高倉天皇の平氏勃興で区切れば、七八〇年代から一一七〇年頃までで凡そ三八〇年間になる。その間、時によって消長盛衰はあっても、藤原氏一門を核とする貴族のいわゆる王朝政治と称する痴呆政治が行われてきたことになる。

この痴呆的王朝政治が始まってから約一五六年経った天慶三年に正史でいう天慶の乱が起っている。東西時を同じくして起った武士の反乱で、東は東国の武士団を率いる平将門、西は瀬戸内の海賊団を主体とした藤原純友[1]、いうなら東に陸軍、西に海軍、相呼応[2]しての反乱で、ただでさえ詩歌管弦遊蕩逸楽に耽っていた貴族たちの度肝をぬいたことはいうまでもない。

純友の方は敵討に関係ないが、将門の方はかなり関係があるから少し詳細にしておこう。

将門は鎮守府将軍平良将の子である。関東で生れ関東で育った典型的な東国武士で、幼少の頃から武芸を事とし、長ずるに及んで上京し、摂政藤原忠平に仕えた。これは当時の武士には通例になっている猟官運動で、彼は検非違使たらんことを望んだ。が、この希望は叶えられず、憤懣と不平を抱いて本国に帰った。不平不満を抱いた大智豪勇の士を野に放っておくことは乱を招く危険が多い。まもなく附近の豪族前常陸大掾源護と事を構え、筑波、新治、真壁三郡にある源護の一族郎党五〇〇余家を焼き払い、その守護の任にあった伯父の平国香まで殺しその邸も焼いてしまった。当時国香の弟、すなわち将門には叔父にあたる源良兼が下総介で、兄の国香が甥の将門に焼打にあったうえ殺されたことを知り、兵を率いて不肖の甥討伐に向ったが、将門はこれを常陸に迎え撃って敗退させてしまった。

この事件のため朱雀天皇の承平六年、相手方の源護と共に京都に召喚され、検非違使の審理で将門は罪を得たが、翌年赦令にあって帰国した。これで一応事件の解決はついたかにみえたが、甥に手ひどくやられた叔父の下總介良兼は前度の敗を雪《そそ》がんと、将門の戦備が整わんうちに急襲したので、将門は本拠の下總豊田郡大方郷を捨て、猿島郡石井《いわ》に退いてようやく叔父を撃退する。一方国香を討たれた国香の子貞盛は、父の仇を報ぜんとしたが敵し難いのを知り、朝廷に訴えんと中山道を西上するのを、将門は信濃千曲川に兵を進めて撃破した。ついで常陸の住人藤原玄明が国司藤原惟義の暴虐に堪え兼ね、将門に救いを求めたことから、天慶二年十一月常陸国府を焼き払い、勢に乗じて下野下総の国府も陥入れて、神託を得たと称し、下総石井に京都に擬して新宮殿を建造し、文武百官をおいて自ら新皇と称した。京都から見ればまさに天人倶に許さぬ振舞である。

一方、信濃千曲川で一敗地にまみれた平貞盛は、武具も兵糧も将門の追手に奪われ、命からがら京都にたどりついた。

このときの情景を『将門記』は次のように描写している。

ここに貞盛千里の粮一時に奪はれ、旅空の涙草月に灑《そそ》ぎ、疲馬薄雪を舐《にの》め堺を越す、飢ゆるに従ひて寒風を含み憂ひ上《のぼ》る。然して生分って天にあり。僅かに京洛に届《いた》る云々。

まさに悲惨というべきであろう。

たまたま京都では前伊豫掾藤原純友の郎党が摂津の須崎（芦屋）で上洛途上の備前介藤原子高《たねたか》と播磨介島田惟幹に暴行を加え、子高の耳鼻をそぎ子供を殺し妻を奪ったという報告があったので、この東西、時を同じくした凶報に色を失った。

> 便《すなわ》ち度々の愁由《しゅうゆう》(3)を録して太政官に奏す。糺行(4)すべきの天判を在地国に賜わる。

苦労の結果朝廷の命を奉じた貞盛は、まず兵隊を作らねばならない、群集をあつめてうまく手なづけ、武器をあたえて東へ向う。もちろんこの募兵はその途上で行ったにちがいない。下總石井に宮殿を築き自称新皇におさまっていた将門は、貞盛の軍が国境まで近づいたことを知り本拠を捨てて同国辛島の広江まで退いた。彼の方も不意で兵隊が集らず戦備がまにあわなかったからである。貞盛は空家になっている将門の本拠に攻め入った。

> 貞盛左右を行事して計(5)を東西に迫《めぐ》らし、且つ新皇の妙屋(6)より始めて悉く与力(7)の辺家も焼払う。火煙昇りて天に餘りあり。人宅尽きて地に主なし。僅に遺《のこ》りし緇素《しそ》(8)舎宅を棄《す》て山に入り、適《たま》ま留まりし士女は道に迷い方を失う。

なるほどこの通りであろう。そしてこの『将門記』の文章は、これにつづいて「貞盛件の仇を追尋しその日尋ねて逢はず」と記している。廻りくどい文章だが「件の敵」は云うまでもなく父を殺した将門を指し、貞盛は懸命に怨敵将門を尋しもとめたがついに捜し出せなかった。この辺りがこの合戦を後年敵討列伝の中に加える因となる。

正邪いずれにしても関東に覇を唱える将門は、平素八千に余る兵力を味方にしていた。が、それ等の連中は関東各地に散らばっていて集るのに時間を要する。彼は四千の手兵を率いて辛島郡北山の要衝に陣を布く。翌十四日（天慶三年二月）貞盛と下野押領使藤原秀郷の連合軍がこれを攻めたてる。

> 十四日未申剋《ひつじさるこく》(9)を以て彼此合戦す。時に新皇順風を得、貞盛秀郷等不幸にして咲下(10)に立つ。その日暴風風を鳴し、地籟塊《ちぢらい》(11)を運らし、新皇の南の楯の前を払いて自ら倒る。(12)貞盛の北の楯の面を覆ひて云に因

る。[13] 彼我楯を離れて各々合戦する時、貞盛の中陣を撃変し、馬に羅《か》し討ち且之を討ち取る（中略）時に新皇本陣に帰る間咲下に立つ。貞盛秀郷等身命を捨て力の限り合戦す。爰に新皇甲冑を着し、駿馬を疾らせ躬自ら相戦ふ。時に現の天罰あり。馬風飛の歩きを忘れ、[14]人梨老の術を失ふ。[15] 新皇暗に神鏑[16]に中り、終に託鹿の野に戦いて独り蚩尤の地に滅す。[17] 天下未だ将軍自ら戦いて自ら死すものにあらず。誰か図って少過を糺さずして大害に及ばん。

貞盛はこの功によって従五位下に叙せられ右馬助・鎮守府将軍に任ぜられるが、後世の史家はこの将門平定を貞盛の父の敵討とする者が多い。父国香を従弟の将門に討たれ、朝許を得んと京へ上ったとき、京では彼を敗走の卑怯者と罵った屈辱を忍び、権門の間を東奔西走して朝旨を得、戦備を整えて東下したことは、そうしなければ失業し家門を亡ぼすという現実的な理由と同時に、父の怨みを晴したいとする敵討的要素もあったことは事実であろう。しかしこれは後世の敵討という観念からすれば弔合戦ではあっても父の敵討には程遠い。が、この事件の起った平安中期まではこの種のものも敵討に入れたのかもしれない。もちろんこれを敵討に入れる者は、時代はかなり後になるが源頼朝が長田忠致を誅した事件も敵討に入れる。

二　諸書の敵討

前章と同時代で、しかも同じ一門の出来事であるが、本節の話は、後世敵討が規格化された時代に置換えても立派に敵討として通用する。

平維茂は貞盛の弟繁盛の孫である。父は上總介兼忠、一説には、兼忠の弟ともいわれる。貞盛は甥や姪など一門の子弟多くを養ったが維茂が一番若く順位が十五番目だったので余五と称し、後年余五将軍と呼ばれた。豪勇武略を兼ね、はじめ陸奥にいたが後、信濃守・鎮守府将軍に任ぜられ、そのころ有名な僧源信に法を聞くなど篤信の士であった。本節はまだ陸奥にいたときの事である。

当時父の兼忠は上総国にいた。一日陸奥の維茂から来信があった。上総と陸奥と遠く隔てて久しくお会いする機会がなかったが、この度父上には上總介に任官あらせられたお祝を兼ねて参上仕るといううれしいたよりであった。兼忠は息子を歓待する準備を整え、首を長くして待っているうち風邪にかかった。風邪だからすっかり寝つく程ではないが、それでも外出は止めて簾《みす》の内に寝たり起きたりしている。そこに待ちかねていた維茂が数人の郎党を従えて到着した。たまたま兼忠は簾の内で小姓（小侍男《こさぶらうおのこ》）に腰を叩かせていたが、さっそく維茂を簾外の広椽に招き引見する。維茂の主だった郎党たち四、五人も武装したまま広椽下の庭前に居並んでいた。

父子は久潤の言葉など交し、侍童が運んできた茶を維茂が喫しているとき、簾の内の兼忠は庭前の郎党たちに目をやって、腰をもませている小姓に、「あの郎党頭を見知っているか」ときいた。小姓は改めてその郎党を見た。体軀抜群、容貌魁偉、鬚針金の如く、眼光鷲の如く鋭く五十年輩の見るからに豪勇の士と思われたが、かつて見たこともなかったので「一向に存じません」と答えた。すると兼忠は、「そうであろう、あの男は字《あざな》を太郎介と云って、先年お前の父を殺した豪の者だ。その時お前はまだ幼かったから知らない筈だ」と語った。

小姓は異様に目を光らせその男を見据えていたが、「父が人に殺されたということは聞いていましたが、誰に殺されたかは知りませんでした。しかしいま知りましたことは……」と、いって目に涙を浮べた。

やがて酒食が出て父子は盃など交していたが、そのうち日が暮れたので、別棟の寝所に引揚げた。郎党頭の太郎介も主人を寝所に送り届けるとじぶんたちの宿所へ行った。宿所でも接待がある。先程は主人同士の公式の接待だったが、今度は従者同士の私的の接待である。食物《くいもの》、菓子《くだもの》、酒など山と運ばれて、だれに遠慮もいらない飲み放題食い放題の酒盛である。

時はちょうど九月の末で月はなく庭は暗かったが、所々柱松《はしらまつ》（もとを地中に埋めて焚く松火《たいまつ》）を立て、太郎介は飲みかつ食い、すっかり酔いつぶれて高枕に寝る。枕元に打出大刀《うちだし》、側に弓胡籙《ゆみやなぐい》、鎧甲《よろいかぶと》、庭には武装した手下たちが警固する。太郎介の寝所は厚布を二重にした大幕を引きめぐらしているから弓矢も通らない。庭の柱松は晝のように燃え、手下共はぬかりなく巡回しているので少しの不安もない。太郎介は遠い道を歩いてきた旅の疲労に、酒の酔が加わって前後不覚に熟睡した。

一方、兼忠からお前の父はあの男に殺されたぞときいた小姓は、目に涙を浮べて御前を退いたが、どうもようすがおかしいと兼忠は審しく思っていると、はたしてその小姓はその夜、厨（台所）で、短刀の先を鋭くといで懐にし、何食わぬ顔して、食物を載せる折敷をもって食物を運ぶようにみせかけ、幕を引廻した壁の間に潜入していた。そして心の中で、親の敵を打つことは天道も許し給うところである。じぶんはいま孝道のため敵を打ちとらんとしている、願わくばわれらの大望を遂げさせ給えと、一心に祈念しながら潜んでいるのを誰一人気づく者はなかった。

夜も更けて、太郎介はじめ郎党どもが熟睡するのを見さだめた例の小姓は、太郎介の寝所にやおら忍びよって喉笛を掻き切り暗にまぎれて逃げだしたのをだれも知らなかった。

夜が明けても太郎介は起きてこない。下郎たちは朝粥のできたことを知らせようと、寝所へ行ってみると、血みどろになって死んでいる。とたんに大騒ぎになり、弓に矢をつがえるもの、刀を抜いて走り廻るもの、しかし後の祭りでなんの役にも立たない。この天幕の中に入った者は郎党よりほかにない、とすると郎党の内にだれか危害を加えた者がいることになる。小姓の姿をだれも見ていないので、仲間同士で疑いあう始末。ともかく「あさましい死方をされたものだ。なんとか声ぐらい立てられそうなものを、それすら立てられず、こんな無念な死方をされようとは、武運つきたとは云いながら……」など田舎なまりの高声で騒ぎ立てる。

主人の維茂もこれをきくと驚き怒って「これはじぶんの恥である。じぶんに遠慮する者ならじぶんの大切な郎党を殺すはずはない。ことに時と場所が悪い、本国で殺されたのならあきらめもつく。他国でこのような事件が起ったことは許せぬことだ。太郎介は以前人を殺害したことがある。その殺された者の子が小姓として父上に仕えているそうだ。その者の仕業にちがいない」

主人だけに判断は正しかった。彼は足音も荒々しく気負いこんで館に行き、父兼忠にあって「じぶんの郎党太郎介が昨夜何者かに殺されました。旅でこんなことが起ったのはじぶんにとってこのうえない恥辱です。これは他人の仕業ではない。先年、じぶんの前を乗打した男の無礼をとがめて、太郎介が射殺した者の小童が父上に仕えておりましょう、その者の仕業に相違ありません。その者をここに召出し糺問したい、お許し願いたい」

そこで兼忠は「まちがいなくその男の仕業であろう。昨日そなたの供に太郎介がいたので、あれを知っているかと尋ねたら、知らぬと申すので、お前の父を殺した男だぞ、先方ではお前のことは気にかけていないだろうが、お前としては敵の顔ぐらいおぼえておかなくてはならない、知らぬなどとは心得ないことだ、というと、伏目になって起って行ったが、それきり今になっても姿を見せない、これまで昼夜わかたず仕えていたのが、無断で姿見せないのも腑におちないが、今朝、家来どもの語るのをきくと、昨夜、その男が台所で刀を丁寧に磨いでいたそうである。お前はその男をここに召して糺問すると云うが、この男の仕業であったら、殺すつもりか、そこを聞いておきたい。それに、かりにこの兼忠が人に殺され、その下手人をお前の家来が討取ってくれたとしよう。それを他人がこのように咎めたて怒ったとしたら、お前はそれを当然だと考えるのか、親の敵を討つことは天道もお許しになっていることだ。この孝道を全うした孝子を引渡せと責めるおまえは、わしが人に殺されても敵打はおろか喪にも服すまい！」と大声に云って足音荒々しく立ち去った。維茂はまずい事をいって父を怒らせたことを後悔し、太郎介の遺骸の後始末などさせて、陸奥の国へ帰った。

その後暫らく経てから太郎介を殺した小姓が喪服をまとうて、恐る恐る兼忠の前に現われ、涙を流して騒がせたことを詫びた。兼忠は同輩たちと泣いた。その後この小姓はしっかり者と人から敬まわれていたが、いくばくもなく病気になって死んだ。兼忠も心からその死を惜しんだ。

このようにして親の敵を討ったことは、勇敢な武士といわなければならないが、あのように警固厳しいなかで目的を達し得たことは天これを許してこれを助け給うたためというべきであろう。

これは『今昔物語』に出ている物語であるが、ここで注意したいのは、封建社会形成の当時、親の敵を討ったことは天道も許したもうところ、という思想がすでに武士道の重要なモラルになっていたことである。

『今昔物語』は平安朝の末期、宇治大納言源隆国によって作られたものだと伝えられるが、全三一巻からなり一巻から五巻までは天竺の説話、六巻から十巻までは震旦の説活、一一巻から三一巻までは本朝の説話といったように説話の題材が多く、いずれも「今は昔」という句にはじまり説話文学として、また民族的な伝説趣味を展開している点では世界的作品である。

本章に記したものはこの書の第二五巻に掲げられたものである。なお当時の文書に残っている敵討を一、二拾って掲げておこう。

『元亨釋書』五　釋源空、姓漆氏、作州稲岡人也、九歳父被二冠害一、家噪逃。自二屏處一偵之、以二小弓矢一射レ冠、中二其眉間一、冠者源長明、堀河帝之衞曹也、爲三其額瘡可二證發一、遂隱而終レ身、時呼レ空爲小矢兒。

堀河天皇（一〇八六―一一〇七）の時だから前記『今昔物語』の話よりすこし後である。僧源空の少年時代の出来事である。

また『本朝世紀』にも次のような文が出ている。

久安三年正月一日乙丑、今日卯刻右兵衞少尉源重俊、於二三條河原邊一、被二殺害一畢、件犯人近江國住人、報二父敵一也、六日庚午、今日検非違使源爲義、搦下取殺害二左兵衞尉源重俊一之犯人能末九辨僧上、持二向別當公教卿第一云々。

『源平盛衰記』には、

治承五年、一月十七日、伊豫國より飛脚ありて、六波羅に著、披レ狀云、當國の住人河野介通清、去年の冬の比《ころ》より謀反を發《くわだ》て、道前道後の境、高繩城に引籠る。備後國住人、額入道西寂、鞆の浦より數千艘の兵船を調《ととのえ》て、高繩城に推寄、通清をば討取て侍しが、四國猶《なお》不レ靜、西寂又伊豫、讃岐、阿波、土佐四ヶ國を鎮めんが為に、正二月は猶伊予に逼留す、爰に通清が子息に、四郎通信、高繩城を遁出て安芸国へ渡て、奴田郷より三十艘の兵船を調へ、獵船の体にもてなし、忍で伊予國へ押渡り、偷《ひそか》に西寂を向けるをも、不レ知、今月一日室高砂の遊君集て、船遊する處に、推寄て西寂を虜《いけどり》て、高繩城に將行て、八付《ハッツケ》にして、父通清が亡魂に祭たり。
などと出ている

注

（1）藤原純友は藤原一門で太宰少貳、筑前守藤原良範の子とするが、實は伊豫の豪族高橋友久の子。當時藤原氏でなければ立身出世ができなかったので良範の養子となった。
（2）純友と將門が謀議の結果東西呼應したかについては諸説多し。
（3）辛苦の次第。
（4）糺問しなくてはならぬという御親裁を賜わる。
（5）左右を警戒して。
（6）美麗な家。
（7）將門に味方したもの。
（8）緇は黒衣、素は白衣、僧侶と俗人。
（9）午後二時から四時。
（10）風下。
（11）地を吹きまくる風が土塊を飛ばし。
（12）・（13）將門の軍兵が南に並べていた楯が風に吹き飛されて、貞盛の軍が北へ並べていた楯を覆うという意味。
（14）馬は活潑に動くのを忘れ。

(15) 人は戰のかけひきを忘れる。

(16) 神の矢。

(17) 中國の故事。黄帝の古、諸侯各々軍備の擴張に狂奔し暴虐を事とした。帝これを征して涿鹿《たくろく》に戦う。蚩尤《しゆう》大霧をなす、帝指南車を作って之を破り、途に蚩尤を滅すという故事によって將門の死を喩えたのである。

第四章　近古の敵討

一　敵討の花

本章では平安期末期から桃山時代あたりまでの敵討について記すことにする。武家政治のはじまりから鎌倉時代、南北朝時代、室町時代、安土桃山時代、関ケ原合戦あたりまで、一一八〇年代から一六〇〇年ころまでの約五〇〇年間である。

いずれの社会もその発生期は生活も文化も素朴で直線的であるが、末期になると頽廃的で享楽的になる。これはただ貴族政治の平安朝だけに限ったことでなく、武家政治の徳川時代といえども変りない。

平安時代を桓武天皇の京都遷都から源頼朝の鎌倉開幕までとすればおよそ四〇〇年間だが、平安朝貴族の享楽的生活は奈良朝からの持越しで、その点いずれの社会でもその初期は生活も文化も素朴で直線的であるとする歴史の公式さえこの時代には通用しない。この貴族集団の享楽、頽廃、怠惰爛熟の裏側に武士が生れ、育ち、やがて貴族を倒してこれにとって替ったことはすでに述べた。爾来、徳川幕府が崩壊するまで約七〇〇年の長きに亘って武士の時代が続くわけだが、その間にはいわゆる武士階級の内部にも種々の変化が現われている。

武士が全盛を極めた鎌倉時代の武士階級の中心をなしたものは将軍直属の武士である御家人だった。この御家人も室町時代になると下級武士の抬頭によって漸次勢力を失った。殊に応仁の乱後は地方の守護、豪族が御家人を圧倒して実際の権力を握り、いわゆる〈下剋上〉の様相を呈し、さらに戦国時代になると、庶民階級から起った豊臣秀吉や加藤清正、福島正則といった連中が実権を握るといった変化さえみせた。

武士の起りとともに生れた武士道がもっとも謳歌されたのは鎌倉、室町時代であった。武士道と一心同体ともいうべき敵討が、他のどの時代にもまして賞讃されたであろうことは想像に難くない。今日まで敵討の花といわれる『曽我兄弟』の物語をはじめ、日野中納言の息阿新丸《くまわかまる》や宇野六郎の子の熊王が楠正儀を討たんとした事例など史上美談として多く伝えられているが、室町も中期以後のいわゆる戦国時代になると残されたその事例が少ない。これは時節柄敵討が戦場で行われ、多く弔合戦のかたちをとったこと、後世弔合戦は敵討の範囲に入れなかったこと、また平和時にはよく目立ち話題にのぼることも、戦に明け暮れるこの時代ではその影に掻き消されてしまうせいからと考えられる。

二　曾我物語

日本三大敵討の一つである。「一に富士、二に鷹の羽のぶっちがい、三に上野で花と咲く」講釈師の名調子どおり一は富士の裾野の曽我兄弟の敵討、二は忠臣蔵四十七士の主君の敵討、三は伊賀上野鍵屋の辻における荒木又右衛門の血斗をいっている。この三つのなかであと二つは徳川時代の出来事であり、一の富士だけが鎌倉初期の事件である。

まず事件の筋を記してみよう。

伊豆国の領主に、工藤祐経という武士がいた。平重盛に仕え、左衛門尉となって京都にいた留守に、従兄の河津祐親が伊東の領を奪ったのでこれを訴訟したが、祐親が賄賂を使ったため旧領の半ばしか返ってこなかった。そのうえ祐親に妻を奪われるという不愉快なことが起ったので、たまたま催された伊豆の狩場で、祐親及びその子祐泰を要撃し、祐親を傷つけ祐泰を殺した。

その後源頼朝が鎌倉に幕府をひらくと頼朝に仕え、北条氏とも親交があったので重用されていたが、祐泰の遺児十郎祐成、五郎時致に父の敵と狙われ、建久五年五月二八日頼朝の富士の裾野の巻狩に随ったとき、狩場の陣營で祐成兄弟に襲殺された事件である。

これは討たれた工藤祐経の側に立って見た事件の概略であるが、これによって見ると、事のそもそもの起りは祐経の方に理があるようだ。

もちろん敵討を賞讃する世上一般はこうは見ていない。ついでに世間一般に流布されている梗概も併記しておこう。

こちらは前者のように祐親の領地横領とせず、祐継・祐経父子対祐親・祐泰父子の二代に亘る所領争いとする。そして訴訟に敗れた祐経が遺恨をふくんで祐親父子を討取ろうとはかり、祐親を傷つけ祐泰を討取ったとする。むろん訴訟の際の祐親の贈賄や妻女強奪などおくびにも出さない。

いずれが真相か、確かなことは分からない。ただいえることは後者は敵討物として最大限に美化されたものであること、また敵役の工藤祐経という男も、後世芝居などに出てくるような悪虐無道な人物でなかったことは、京にあるころ和歌や楽の道を学び、殊に鼓は名手の域に到達し、義経の妾静御前が鶴岡八幡の社頭で舞曲を演じたとき鼓を打ってこれに和した事実でも証される。

この事件を伝承したのは熊野信仰の一分派である箱根、伊豆山を根拠とした旅の盲僧たちであった。彼等は箱根権現霊験物語としてこれを語りひろげたのである。この口誦伝承を材料として出来上がったのが、後世各分野でおびただしい数に上る〈曽我物〉と称せられるもののタネ本となる『曽我物語』である。

『曽我物語』は十巻または十二巻。いうまでもなく曽我兄弟の生立から富士の裾野の敵討まで叙写したもので、原本は大体、南北朝時代に完成したものらしいといわれているがはっきりしない。作者もわからないが、記事の内容から推測して叡山の坊さんだろうとするのが通説になっている。

これには数種の諸本がある。大別して、真字本（十巻）、大石寺本（十巻）、流布本（十二巻）。同じ口碑伝承を材料にしてまとめ上げても、まとめる人によってちがってくる。数種の本があるのはこのためで、大石寺本は真字本に拠ったものといわれ、真字本と同様に古い形を示し、流布本はその後に出たものである。がいずれも室町時代には全部完成している。内容は諸本とも同じで、兄弟の復讐噺を興味本位に語りつづけその間日本・中国の故事、兄弟の親孝行、虎御前の物語りなど虚実相混えてふんだんに取入れ勇壮優美、哀愁痛快に織りなすとともに、神道、武士道、儒教、仏教などの思想も豊富に盛りこみ、感情と意志を巧みに配合して、正義仁侠、義理人情を重んずる好個のものとなっているが、史実と違うところも少なくない。文章は暢達精緻、修辞に苦心の痕も見えている。参考までにその一節を掲げてみよう。

それ迷ひの前の是非は、是非共に非なり、夢の中の有無は、有無共に無なり。さらば我等が身の有様、有れば有るが間なり。夢の浮世に何をか現と定むべき。(1)然らば刹那の栄花にも、心を舒《の》ぶる理《ことわり》を思へば、無為の快楽に同じ。いざや最期の眺めして、暫し思いを慰まんとて、兄弟共に庭に下《お》りて、植え置きし千草《ちぐさ》の栄えたるを見るにも、餘波《なごり》ぞ惜しかりける。心の有らば草も木も、如何でか哀れを知らざるべきと、彼方此方に休《やす》らひけり。是に比《よそ》へて古き歌を見るに、

古里《ふるさと》の花の物云ふ世なりせば　如何に昔の事を問はまじ

今更思ひ出でられて、情を残し哀れを掛けずと云ふ事無し。五郎聞きて、「草木も心無しとは申すべか

らず、釈迦如来涅槃《ねはん》に入らせ給ひし時は、心無き植木の枝葉に至るまでも、歎きの色を現わしけり。我等が別れ惜み候やらん、如何でか知り候べき」とて草を分ければ、卯の花の蕾《つぼ》みたるが一房落ちたりけり。十郎これを取り上げて、「如何に見給へ五郎殿、老少不定の習ひ今に始めぬ事なれども、老いたる母は留まり若き我等が先立ち申さん事、是に等しきものを聞きたるに留まり、蕾みたるは散りたるとや。名にし負ふ忘草《わすれぐさ》ならば餘残《なごり》を思ひて散りつらん(2)。それは昔住吉に諸神影向(3)なりける事あり。御帰りを留め奉らんとて、此花を植へて忘草と名づけ給ひけるなり。歌にも、

もみぢては花咲く色を忘草　ひと秋ながらふたまちの頃

その忘草は、紫苑《しおん》(4)とこそ聞きて候へ」とて、猶草むらに入りければ、深見草《ふかみくさ》(5)の盛りと咲きたるを見て、「卯の花は夢みてだにも散るに、此花の思ふ事無げに盛りなるや、如何に咲くとも、二十日草《はつかくさ》、盛《さか》りも日数あるなれば、花の命も限りあり。あわれ身に知る心かな」と涙のみければ、五郎聞きて、「此草の事は、花開き落ちてせんにち(6)、同じく一城の人狂《たぶら》かすが如しと見えたり。これは楽府《がふ》(7)の詞《ことば》なり。又歌にも、

名ばかりは咲かでも色の深見草　花咲くならば如何で見てまし

と口ずさみければ、十郎聞きて、「此歌は未だ咲かざる時も色深き草とこそ詠みたれ、盛りの花には心や違ふべからん」と戯《たわむ》れけるにも、哀れを残さぬ言の葉は無かりけり、無慙《むざん》なりし心ざしどもなり。「然ても我等が思ひ立つ事、母に露程も知らせ奉るべきか、計らひ候へ」と云ひければ、時致聞きて、「思ひも寄らぬ御事なり。是程思ひ定めざる前《さき》は知らず、今は如何でか事変《へん》じ候べき。其上人の子が謀叛《むほん》起して出で候はんに、其親聞きて、「急ぎ死にて物思はせよとて、よろこぶ母や候べき。某《それがし》はただ形見を賜って、最期まで身に添へ、此方《こなた》よりもまた参らせて、罷出んとこそ存じ候へ。」十郎聞きて、「まことに此

儀然るべし、然らば其序《ついで》に、御分《ごぶん》が勘当をも申し許して見ん」とて、母の方へぞ出でたりける。（巻第七、千草の花を見し事）

この一節は曽我兄弟の事蹟を語るというより、むしろ作者の作品に托する意図を示すもので注1にて記しておいた通り現在は総て假の姿、しかし咲いて散る花の短い生涯にも咲くには咲く天理があるから大切にしなければならない。兄弟は敵を討てば死なねばならない短い生涯であるが、それを強く美しく生かそうという作者の意図を示している。一読してすぐ理解できる無常観、そんなところからこの物語の作者が僧籍の人と推測される論拠となっている。

謡曲で知られる『小袖曽我』もこの物語に拠っている。ついでにこの一節も掲げておこう。

十郎御前《おんまえ》に畏まり、扇笏《おおぎしゃく》に取り申しけるには「奉公を致し御恩蒙《こう》ぶるべき身にては候はねども、(8)末代の物語に、富士の御狩《みかり》の御供に思ひ立ちて候。恐れ入りたる申し事にて候へも、御小袖一つ借し給はり候へ」と申しければ、母聞きて、「君臣《きみ》を使ふに礼を以てし、臣《しん》君に事《つか》ふるに忠を以てすと、(9)論語の中に候ぞや。何の忠に因ってか御感も有るべき。御恩なくば無益なり。あわれ此度の御供《おんとも》思ひ止まり給へかし。それを如何にと云ふに、伊東殿の父、(10)奥野の狩場より病づきて帰り、幾程無くて死に給ひき。御分《ごぶん》の父河津殿、狩場にて討たれ給ひぬ。(11)斯かる事どもを思ひ続くるに、狩場ほど憂き所無なし。しかも謀叛《むほん》の者の(12)上《かみ》にも御許し無きぞかし。又馬鞍《うまくら》見苦しくて、物を見れば却って人に見らるるものを、思ひ留まり、親しき人々の方にて慰み給へ。斯様に申せば、小袖惜しむに似たり。善《よ》くは無けれども、紋柄《もんがら》面白ければ」とて、秋の野に草尽《くさづくし》縫ふたる練絹《ねりぎぬ》の小袖一つ取出して賜ひける。十郎畏まって障子の内にて着更《か》へ、我が小袖おは打置きて出でぬ。亡《な》きあとの所見にぞ思い置きたるなり。五郎は不孝の身にて、兄が方に空しく泣き居たり。よくよく物を案ずるに、母の不孝を許されずして、死なんの事こそ無念なれ。推参して見ばや。生きたる程こそ仰せらるるとも、死して後悔み給はんこと疑なし。思ひきり申して見んとて、母の方へは出たれども、さすがに内へは入り得ず、広縁に畏まり、障子を隔てて「そも誰が御子にて候はん、時致にも召替の御小袖一つ賜はりて狩場の晴に着候はん」母聞きて、「誰ぞや、来りて小袖一つと云ふべき子こそ持たね、十郎は只今取りて出でぬ。京の小次郎は奉公の者なり。(13)二宮《にのみや》の女房(14)は又斯様に云ふべからず、禅師法師とて乳の中に捨てし子は、叔父養育して越後に在り(15)、又箱王とて悪者《わるもの》の有りしは、勘当して行方知らず、是はただ、武蔵相模の若殿原の、貧なるわらはを笑はんとて斯くのたまふと覚えたり。しかも留守居の体見苦し。早門の外へ出で候へ」と、事の外にそのたまひける。時致思ひ切りたることなれば、「其箱王が参りて候」「それは誰が許し置たるぞ、女親とて卑《いやし》み候か、然やうには候まじ。とても斯様に侮らるる身、七代(16)まで不興するぞ、対面思いもよらず」とぞ云はれける。五郎は許さるる事は協《かな》はずして、結句後の世までと深く勘当せられて、前後を失ひ、思ひに忘じ果てしぞ居たりける。

(前略)五郎も思ひ切りたる事なれば、居直《いなお》り畏まって「ただ御慈悲には御許し候へ」とのみぞ申し居たりける。十郎はわが所にて五郎を待てども見えざりけり。余りに遅ければ、又母の所へ行きてみたれば、五郎内までは入り得ず、広縁に泣き委れていたりたり。餘りにも無慙に覚えて、障子を引き明け、畏まって、五郎が理(17)をつくづくと聞き居たり、や、ありて、「某兄弟数多候へども、身の貧なるに由って處々の住居仕る(18)。ただあの者一人こそ連れ添ひては候へ。祐成を不便に、思食《おぼしめ》され候へば、御慈悲を以て御許し候へかし。(中略)

「一旦の御気を背き法師に成らざるは、不孝には候へども、父母に心ざしの深きは法師にも由るべからず、僧俗の形にも由らず。時致箱根に候ひし時、法華経一部読み覚え、父の御為め早二百六十部読誦す。毎日六万遍の念仏怠らずして、父に回向申すと承り候へば、大地を戴き給ふ堅実地神も、地も重き事は候まじ。不孝の者の踏む跡、骨髄に徹して悲み給ふなり。一つは彼の御跡をも弔らい、一つには御慈悲を以て祐成に御許し候へかし。父に幼少より後れ、親しき者は身貧に候へば目も懸けず、母ならずして誰か憐み給ふべきに、斯様に心強くましませば、立宝のる蔭も無きままに、乞食《こつじき》と成らん事不便《ふびん》に覚え候ぞや」哀れげに今を限りと申すならば如何が易《やす》かるべきを、申すべき事ならねば、忍びの涙に目も昏《く》れて、暫しは物をも云はざりけり。猶も「許す」とのたまはねば、十郎怒りて見ばやと思ひて、持ちたる扇さっと披《ひら》き、大きに月を見出《みい》だし「とても斯くは生甲斐もなき冠者、有りても何か益あらん。御前《ごぜん》に召出だし、細首打落して見参《けんざん》に入れん」と、大声を出だして座敷を立つ。女房達等も、「如何にや」とて取り付く袖に引かれて、板敷荒く踏み鳴らし怒りければ、母も驚き縋り附き、「物に狂ふかや、身貧にして思ふこと協《かな》はねばとて、現在の弟の首を切る事や有る。」とて取り付き給ふ。事こそよけれと思いければ「助け候はん御許し候へ」と云ふ。母「然らば許す、留まり候へ」とのたまえば十郎怒を留めて、声を柔かにし、座敷に直り、畏まり居たりける。やゝ有りて十郎座敷を立ち、「御許あるぞ時致、こなたへ参り候へ」五郎は萎《しお》るゝ袖に忍びかね、暫しは出でこそかねたりけれ、暫くありて時致袖打払ひ、顔押し拭い出でければ、十郎も嬉しく、あわれにて打頷き居たり。母此有様を見て「げにや親子の中ほど哀れなることなし、年老ひ身貧にして人数ならぬわらはが詞《ことば》一つを重くして、泣き萎るゝ無慙さよ。かたはなる子をだにも親は悲む習ひぞかし。如何でか憎かるべき」と云ひも分かで母も涙を流しけり。

これは如何にも劇的構成で恐らく作者の作り事であろうと想像されるが、兄弟の係累がよくわかる。これによると兄弟の母満江が河津に嫁してきたときはすでに再婚で前夫との間に小次郎という子があり、河津もまた前妻との間に娘があり、事件当時は二宮の太郎に嫁している。また兄弟には父横死後生れた弟禅師法師がいて、叔父九郎祐重に引取られて越後にいる。これはこの文章には正していないが注しておいたように、兄弟敵討後、頼朝に捕えられ自殺する。注目すべきは兄弟の祖父祐親、当時伊豆伊東に住んでいたので伊東祐親と称していたが、彼は平氏に味方して源頼朝を殺害しようとし罰せられた経歴をもっていることである。恐らくこの経歴は源頼朝が天下の権を握った後、その子孫すなわち子の河津祐泰また孫の兄弟にも有形無形の悪影響を及ぼしたにちがいない。弟の五郎は母の命で箱根別当行実の坊に入り行く行く出家させられようとするが、父の仇を討ちたい一心から母の意志に叛いて勘当の身となる。北条時政の庇護によって加冠し、五郎時致と名乗り、兄十郎祐成と行動を共にする。そうした五郎と母親との母子の情愛、兄弟の情を小袖乞いに引っかけてよく描き出している。ところでいよいよ本望達成の条であるが、これもこの書によって見てもらおう。

兄弟共に立そひて、松火《たいまつ》ふりあげよく見れば、本田(19)が教へに違はず、敵はここにぞ臥したりける。二人が目と目を見合せ、あたりを見れば人も無し、左衛門尉は手越《てごし》の少将(20)と臥したり。王藤内はたゝみ少し引きのけて、亀鶴(21)とこそ臥したりける。(中畧)兄弟祐経を中におきて、目と目を見合わせ打頷き、よろこびけるぞ哀れなる。(中畧)さて二人が太刀を左衛門尉にあてては引き、引きてはあて、七八度こそあてにけれ、ややありて時致、この年月の思ひ、一太刀にてと思ひつるけしき現はれたり。十郎これを見て、まてしばし、眠入りたる者を斬るは死人を斬るに同じ、起さんとて太刀の切先を祐経が心もとにさしあて、如何に左衛門殿、ひるの見参に入りつる曽我の者共まいりたり。我ら程の敵を持ちながら、何とてうちとけし給ふぞ、起きよや、左衛門殿と起されて、祐経もよかりけり、心得たり何程の事やあるべき、云ひもはてず起きざまに、枕元に立てたる太刀を、取らんとするところを、やさしき敵の振舞かな、起しはてじといふまゝに、弓での方より、右手の脇の下、板敷までも通れとこそは斬りつけられ、五郎も得たりやおふと罵りて、腰のうわてをさし上げて、畳板敷斬り通し、下もちまでぞ打入りたる、ことはりなるかな。げんじぢう代ともきり、なにものかたまるべき、あたるにあたる所つづく事なし。我幼少より願ひしもこれぞかし、妄念払えや時致、忘れよや五郎とて、心のゆく〱三太刀づつこそ斬りたりける。むざんなりし有様なり。

祐経にとどめをさす事

十郎いひけるは、祐経にとどめをささざりけるが、とどめは敵を討っての法なり。実見の時、とどめなきは敵討ちたるにいたらず。さらばとどめをさし候はんとて、五郎立ち帰り、刀を抜き取って押へ、御辺《ごへん》の手より給て候かたな、たしかに返奉るとて、束《つか》も拳《こぶし》も通れ〱と、さす程に、あまりにしげく刺しければ、口と耳と一つになりにけり（後略）」

現代人には難解な字句があるが大体の意味は理解できる。当時の武将は陣屋に遊女など招いて同衾していたなど面白いし、また後段の「祐経にとどめをさす事」では、当時すでに敵討に関する故実慣例みたいなものができていたことを語っている。

目出度く本懐とげた兄弟は各陣屋から飛びだしてくる宿衛の武士相手に奮戦、兄の十郎は仁田四郎に討取られ、弟の五郎は捕えられる。頼朝は兄弟の孝心に感じてこれを赦そうとしたが、祐経の遺子の請によって、法に照して殺す。その辺のところは『吾妻鏡』に詳しく掲げられているが略す。

要するに曽我兄弟の敵討の原因は、一族間の領地争いである。一所懸命という言葉は鎌倉時代における武士がいかにその領地を死守したかというところから生れた言葉で、彼等は寸土といえども生命をかけて守ったものである。これは単に武士の面目といった抽象的理由からだけでなく、具体的に彼等は領地以外に生産の方法を知らなかった。直接生活にかかわる問題であったためである。彼等のこの争いは父子二代に亘る争いであった。どちらが正しかったか、また兄弟が父の敵とねらった祐経が果して悪人だったか、そうしたことは父の敵討という美名のもとにかくされて不問にされてきたことは事実のようである。

いずれにしてもこの敵討は箱根、伊豆山などの盲旅僧たちによって口誦されて以来謡曲、舞踊、演劇など多方面に脚色演出され、歌舞伎芝居など、春狂言には曽我狂言を上演するのが吉例とさえなっている。

三　雪の鶴ケ岡八幡社頭

山はさけ海はあせなん世なりとも　君に二心我あらめやも

太平洋戦争中、戦時下国民に愛唱された、あるいは愛唱させられたこの歌の作者は鎌倉三代将軍源実朝である。実朝は源頼朝の次子で鎌倉武士の棟梁になったが、武人としてより『金槐集』の歌人としての方が名高い。この歌人将軍実朝は、承久元年（一二一九）正月二七日、鎌倉鶴岡八幡宮社頭で甥の当社別当公暁に父の敵として殺されている。平素、敷島の道に心傾け、観音の信仰深く、自ら観音像を刻み、十八羅漢を描いたという実朝にはまことに不相応な死にかたで、前節曽我兄弟の敵討でもいささかこの気配を窺わせたが、討たれる者必ずしも悪者でなかったという敵討の複雑性を、実朝に至って如実に示している。

この事件を『増鏡』は次のように伝えている。

故左衛門督(22)の子にて公暁《くぎょう》(23)という大徳《だいとく》(24)あり親の討たれにしことを、いかでか安き心あらむかとのみ思ひわたるに、この大臣、また右大臣にあがりて大饗《たいきょう》(25)など、めづらしくあづまにて行ふ。京より尊者《そんざ》(26)をはじめ、上達部《かんたちめ》(27)、殿上人、多くとぶらひいましけ(28)。

さて鎌倉に移し奉れる八幡の御社(29)に、神拝にまうづる、いといかめしきひびきなれば、国々の武士《もののふ》は更にもいわず、都の人々も扈従《こしょう》しけり。立ちさわぎののしる者、見る人も多かる中に、かの大徳うちまぎれて、女のまねして、白きうす衣《きぬ》ひきおり、大臣の車よりおるる程を、さしのぞくやうにぞ見えける。あやまたず首をうちおとしぬ。その程のどよみ、いみじさ、思ひやりぬべし。かくいふは承久元年正月二十七日なり。

そこらつどい集れるものども、ただあきれたるより外のことなし京《みやこ》(30)にもきこしめしおどろく。世の中火を消《け》ちたるさまなり。扈従に西園寺宰相中将実氏も下り給ひき。さらぬ人々も、なくなく袖をしぼりてぞ上りける。

また『吾妻鏡』にも次のように掲げている。

建保七年(31)正月十七日戊子(32)、入レ夜雪降、積二尺余、今日将軍右大臣為二拝賀一御二参鶴岳八幡宮一、御社参、酉刻(33)御出。令レ入二宮寺楼門一御之時、右京兆俄有二心神御違例事一、譲二御劍於仲章朝臣(34)一、退去給、於二神宮寺一御拝賀之後、令レ帰二小野御亭一、及二夜陰一、神拝事終、漸令二退出一御之處、當宮別當阿闍梨公暁、窺二來于石階之際一、取レ劍奉レ侵二丞相一、其後従兵等雖レ馳二駕于宮中一、無レ所レ覽二讐敵一、或人云、於二上宮之砌一、別當公曉討二父之敵一之由、

『増鏡』によると宴会のようにとれるが、『吾妻鏡』では純然たる神事参拝のような書きぶりである。双方を兼ねていたのかもしれない。時刻は戌刻というから午後八時、正月の午後八時だからもう夜である。参拝を終って帰路、石段をくだるとき事件は起っている。歴史絵に石段の横の大銀杏の下に女の衣被《かつぎ》をかぶって身を潜めている公暁の絵があるが、これらの文章に拠って描いたものであろう。

兄頼家は修禅寺で殺されている。将軍が夜出歩くほど平穏な環境ではない。実朝の戌刻参拝には大江広元など危険を感じて、昼間にするよう進言している。しかし源仲章が大臣の拝賀は夜が例であるといってこれを退けた。それではかつて頼朝が東大寺の供養のとき甲冑で身を固めた例にならって、束帯の下に腹巻（鎧の一種）を着けられてはどうだろうと云ったが、これも仲章が、大臣が腹巻をつけて参拝した例はないといって反対した。これは『承久記』や『吾妻鏡』に記していることだが、これらの著者は源仲章を怪しいと睨んでいるようだ。

実朝自身も虫が知らせたのか、広元あたりから危機感をたきつけられたのか、出かけるにあたって、

　出でていなば主なき宿になりぬとも、軒端の梅よ春を忘るな

あまり縁起のよくない歌を詠んで秦公氏《はたのきみうじ》に与えている。なんだか菅原道実の「東風《こち》吹かば」歌に似ていて後人の偽作くさいが、これも『吾妻鏡』の記すところである。

『愚管抄』などでは、じぶんが置かれた環境を充分知りつくし、かつ決して凡愚でない実朝がこれに対する用意もなく悲惨な最期をとげたことを批判しているが、彼は平素からこの事を予期し、のがれることのできない運命と諦め覚悟を決めていたらしい。

実朝は不思議なほど高位高官を望んだ。これは京の公家化するのを最も警戒した初代頼朝の志にも反する。

大江広元が諫言すると、実朝は、お前の諫言は至極最もなことであるが、源氏の血統は自分の一代で終り、子孫は将軍職に就くこともあるまい。せめて高位高官を得て家名をあげておきたいと答えたので、さすが智恵者の大江もうなだれたまま応える言葉を知らなかったという。（吾妻鏡）

それでは彼を取巻く周囲はどんなものであったか、それが直ちにこの敵討事件にも関連することなので簡単に説明しておこう。

源頼朝が平氏を倒し、その他数多くの障害を排除して、鎌倉に幕府をひらき天下の権を掌握するに至ったのは、北条氏の力に負うところが多い。換言すれば北条氏の援けがなかったら恐らく頼朝による鎌倉幕府は開かれなかったにちがいない。

本来北条氏は平氏の出身である。伊豆の北条の地に住していたのでその地名をとって苗字とした。

平治の乱（一一五九）で敗れた源頼朝は父義朝の後を追って東国に脱れようとしたが美濃で平宗清に捕えられ六波羅の平氏の邸に護送された。平清盛の後室池禅尼の情けで死を許され伊豆に流され、この流謫地で頼朝監視の役を命ぜられたのが当時北条四郎と称していた北条時政であった。彼は頼朝の人物器量に嘱目し、ひそかに女政子をその室として、頼朝を戴いて大博奕を企てたのである。

この時政の大博奕はみごと図に当った。

幕府創業の大功労者であり、将軍頼朝の舅である時政を「権勢はるかに斉輩を圧す」と諸書が筆をそろえて記しているのも宜なるかなである。

正治元年（一一九九）頼朝は五十三歳で死した。跡は十七歳の長子頼家が継ぎ鎌倉の主となった。政子の実子だから時政には孫である。時政がいつのころから源氏に代って主座につこうと考えたか明らかに立証し説明するものはない。しかし全然そうした野望はなかったとは決していえない。

頼家は幼少のころから才気喚発、武を好み弓馬に長じたが、ときに常軌を逸する傾きがあったと伝えられる。時政も娘婿とはいえ頼朝には遠慮があった、が孫になるとその遠慮も半減する。これまで幕政は一応頼朝の独裁であったのを、頼家が往々にして常軌を逸するゆえをもって、まず訴論裁断の権を取り上げ、漸次じぶんを頭とする創業の功臣数人の合議制として頼家の権限に掣肘を加える。漸次権力を奪って象徴化しようという魂膽ともとれる。もとより才気喚発の頼家がこれに満足している筈はなかった。そんな掣肘など意にも介しないように、勝手に諸政の沙汰を行ったり、公訴を裁決したりし、故意に北条氏を軽視して、妻の実家比企氏を重用する。

しかし北条氏は決して功を急いではいない。後年徳川家康の天下掌握を「鳴くまで待とう時鳥」の歌にたとえるが、北条氏は家康以上に気長く、見方によっては制覇の野望など全然持っていなかったと解せる程であった。頼家が持前の性格から血気にはやり制約を無視したり、故意に破ったりしても、時政は決して表面に出てこれを責めるといった方法をとらず、大江広元や三善康信等の源家諸代の老臣をして諫止させ、政治の枢機にも頼家の母政子を当らせるといった慎重ぶりであった。

頼家は建仁三年（一二〇三）の春、病を得て重態となると正史は伝えるが、その後の行動などから考えて重態となるというのは誇張であろう。病気は神経と肺病であったと伝えられる。二つとも急に起る病気ではない。平素からあまり頑強な体質でなかっただろうと想像される。その前年従二位征夷大将軍に任ぜられている。父の跡を継いでから四年目、二一歳の時である。

病気になった頼家に、岳父の比企能員が次のようなことを知らせた。北条一味の者によって頼家亡き後の家督が協議され、嫡子一幡が関東二十八ヶ国の地頭職と総守護職を継ぎ、弟の千幡が関西三十八ヶ国の地頭職になるというのである。これでは天下を二分することになる。頼家は怒った。早速比企に北条追討を命じたが、母の政子に探知され、比企父子は北条氏のため誘殺された。この天下二分について北条氏の云いぶんは、従来通り一幡に全部渡すと比企氏の勢力が増大して乱を招くおそれがあったためだとする。いずれにしても頼家はじぶんが最も頼りにしている比企氏が滅ぼされ、憤激いよいよやるかたなく、寵臣和田義盛、仁田忠常を招いてさらに北条討伐を命じたが、義盛は命に従わず、忠常は敗亡、頼家は大江広元の邸に預けられ、出家を強要されて、将軍職は弟千幡の実朝に移った。幾何もなく伊豆の修禅寺に幽屏されたが、翌元久元年北条氏のために浴室で殺された。時に二三歳であった。この一連の紛争で一幡も殺されている。

公暁は頼家の二男で父頼家が殺害されたとき四歳であった。後剃髪して公暁といい近江の三井寺で勉学していたが、鎌倉鶴ヶ岡の別当に任ぜられたことは前記した通りである。彼は叔父の実朝を父の讐、兄の讐とねらった。これはどうも筋違いのようだ、父や兄を殺したのは実朝ではない。実朝が殺させたのでもない、殺したのは名もない雑兵だが、殺させたのは明らかに北条氏であった。讐とねらうなら北条氏をねらわねばならない。しかも実朝は当時兄頼家と同じ境遇におかれていた。

実朝が将軍職についたとき一二歳であった。幼名を千幡といったことは前にもしるした。実朝という名は将軍になるとき朝廷から賜ったものである。兄の頼家が才気喚発弓馬を好んだのに対比して、彼は資性優美京風を好み早熟であった。この点鎌倉武士の規格には不適で、歌人実朝の本領であるが、感情に激しい我儘であったことは両親譲りで、兄頼家とも共通していて、かねて足利義兼の娘を妻に擬せられていたが、これを退け、じぶんで坊門前大納言信清の息女を選び、鎌倉に迎えるといった離れ業も演じている。しかし将軍としての彼の道は兄と同じように決して平穏なものではなかった。将軍職についた翌二年には早くも北条時政の後妻牧の方等による排撃の企てがあったが、母政子、北条義時、三浦義村等の擁護でどうにか事なきを得た。まもなく時政は執権職を長子義時に譲り、義時が事実上幕府の実権を握り、実朝は有名無実の地位に坐らされているに過ぎなかった。兄頼家にはこれに拮抗する意気があったが、彼にはそれがない。それではその境遇に満足していたかと云えば決してそうでもなかった。不平不満に満ちた生活で、不平不満のはけどころを和歌や蹴鞠に求めて熱中した。

公暁がこのような叔父を敵とねらって討ったことは、源氏の枝葉を絶とうとする北条氏の傀儡として使われたというべきである。公暁も事後に、捕えられて殺されている。

四　殺し屋討ち

元徳二年（一三三〇）といえば源頼朝が、鎌倉幕府をひらいてから一四〇年経っている。天皇は後醍醐天皇、建武の中興はあと四年、さしもの執権北条氏の勢力も昔日の面影はなく、王政復古を企図する朝廷と、これを阻止せんとする幕府の対抗は日毎に尖鋭化し、世上騒然たるときである。

その四月の朔日、当時法曹界の大家で、大判官として朝廷四代に歴任して、栄誉並びない中原章房が清水寺参詣の帰路、雨の中で西大門の八幡を伏拝んでいると、簑笠をつけ、脚ごしらえも厳重な屈強な男が、その背後を通りかかり、物おもいわず章房に斬りつけ、一刀のもとに首打落して、疾風のように坂を駆け降って逃げて行った。まことに水際立った殺し屋である。

むろん章房は供をつれていた。四、五人の供は少し隔ったところで主人の拝の終るのを待っていたが、この一瞬の出来ごとに呆然自失、しかし我に復って騒ぎだし、主人の佩いた刀を抜いて追いかけたが、もう犯人の後姿すら発見することができなかった。

下人の急報で家人は周章狼狽して現場に駆けつけるがもう後の祭、仕方なく亡骸を輿に乗せて、泣くなく家に帰った。

横死は常の習なれど、一天の迷惑、万人の疑胎《ぎたい》なり。この章房と申すは、中家一流の棟梁、法曹一道の碩儒《せきじゅ》なり、しかも四代の朝端《ちょうたん》に仕へ、一家の世誉を得たりき。殊に当代無双の恩澤に浴し、夙夜《しゅくや》無二の拝趨《はいすう》を致す、都《すべ》て釐務《りむ》の断獄《だんごく》朝儀の裁断、君臣の顧問《こもん》を得しかば、皇家の輔弼《ほひつ》と謂うべし。然ば旦暮《たんぼ》に近く侍承し、内外も長に謹厚す。其最中にても、懸《かか》る殃災《おうさい》出来る事、朝の愁嘆、道の衰微なり。日比《ひごろ》させる怨家有《えんかあり》とは本人も知らず、又諸人も疑う所なかりしかど、天災時に当り、宿運身に迫る事、大権聖者《たいげんせいじゃ》猶遁れざる習なれば、今更歎《なげ》くに足らざるべし。

これは『太平記』に記すこの事件の批判である。これによってこれを見れば如何に被害者が、朝野の栄誉信望を得ていたかがわかる。しかし朝廷も世間もこの高官でしかも信望厚い彼の横死を、天皇の迷惑、万民の疑胎と憤慨し、朝廷の愁嘆、道理の衰微と悲しみながら、天災時に当り、宿運身にせまること、大権力者聖者でさえ遁れることのできない習いだから今さら歎くには及ばないと云い諦めている書きぶりである。

章房には二人の子息があった。章兼、章信という。正体も知れない者に父を殺されて、子としては運命などと諦めることはできない、しかも検断顕職にある身でこのような仕儀となっては、なおさらのことである。彼等は全力をあげて仇敵の捜索にあたった。『太平記』も、「如何なる仔細にか聞出しけん」と具体的に示していないが、犯人を突き止めた。東山雲居寺の南門の東に住んでいる瀬尾兵衛太、同郷房という者である。

同苗字だから兄弟であろう。二人とも名うての豪傑であった。

彼等殺害、実犯疑なしと聞定ければ、嫡子章兼は折節病床に臥て行向はず、舎弟章信、庁の下部《しもべ》十四五人、即従下人三十余人には具足をさせ引率す。白襖に著籠に帯剣して、小八葉の車にて、未明に彼在所へそ寄せたりける。

役所の下役十四五人、じぶん郎党下人三十余人、具足で身をかため、じぶんは白の袍に腹巻、八葉の車に乗って出かけている。情景が目に見えるようである。

瀬尾の家は前述したように東山雲居寺の南門の東、「南頬の岸の上に、一宇の室あり」とあるから一軒家であったであろう。攻める方には好都合だ。

人数に不足はない。その家を厳重に包囲して、「心早き手利きの者」というから敏捷で腕の立つ者を家の中に踏みこませた。ところが予想に反して家の内には誰もいない、といって目ざす仇敵が外に出ているとも考えられない。たいして大きな家でもなかったので、板敷の下から、塗籠まで破って捜したが人の影はおろか猫の子一匹見当らない。

在宅を確かめ、慎重に慎重をかさね、万違算なしとして踏込んでみると、天に消えたか地に潜んだか脱《もね》殻《から》、当の章信はもとより一同落膽して引揚げようとしていたとき、目ざとい一人が、芦天井の端に着物のつまらしいものを発見した。さてはと、長刀の先で天井を破ると、はたして一人の屈強な男が発見されたのかと観念して、太刀を抜き放ち、飛び下りようとする。すかさず長刀の味方が股脇を一突き、突かれながらもその男は飛び下りる。生捕りにしろと寄ってたかって搦めようとするが、相手は名うての豪の者、脚をつかれて跛をひきながらもはげしく抵抗する。そのうち章信の郎党の一人が犯人の背後から小脇に斬りつけ、ひるむところを庁の役人で彦武という大力者が、とびかかって組み伏せる。さすがの豪の者も観念して動かなくなったところを、みんなで手とり足とり押えつけて首を打落した。

「即其家内を追捕し、共居を刎壊し」と云うから、どこかに隠れていた妻女か家の者を捕え、家屋はたたきこわして、章信は車の簾《みす》を高く捲き上げ、敵の首を前において意気揚々と引揚げた。「京、白河の貴賤男女、賞せぬ者こそなかりける」と、結んである。

さて、これだけでは中原章房が殺害された理由も、打取った男が確かに下手人であったかも曖昧である。これに関して『太平記』は次のように語っている。

抑此章房は、一道の儒宗、当職の廷尉として、義を糺《ただ》し理を断りければ、若《もし》検断訟訴の由来により、猥《みだ》りに鬱憤を抱き、怨念《おんねん》を結ぶ入やありけん、又且暮の拝趨《はいすう》、叡賞《えいしょう》他に超しかば、若権を猜《ねた》み禄を奪はんとにや有りけん、本人も親昵《じっこん》も兼て宿敵を悟らねば、傍官等倫《ぼうかんとうりん》の怨望一端も無かりき、然るに彼災害万人の疑ひ浅からず、爰に退て仔細を相尋ぬるに、此章房は無二の拝趨年積り、恐は匡弼《きゅうひつ》の器たりしかば、恩寵《おんちょう》も浅からざりしに附いて、是ぞ叡旨《えいし》をも重くし、公儀をも背ましき者と思召して、年来の叡念を、或る時一端顕《あら》はされて、関東征伐の事仰出されけるに、章房は身も顧みず、義を貽《のこ》さず畏て申上げるは、先途の餘殃《よおう》に依て、人いまだ安危を定めず候。是に依て武臣弥猛威を振ひ候処に、朝廷の微力を以て、関東の強敵を服せられん事は如何と存、若叡策異違《もしえいさくいい》あらば、朝儀重て塗炭《とたん》に堕《おち》候なん。能々《よくよく》御思案有べく候らはんと真実の諫言を奉りけり。諫諍《かんそう》の忠貞は、却て皇家の鎮衛《ちんえい》たれども、懸る重事《じゅうじ》を、受ざるの臣に漏《もら》されぬる事、却て一朝傾危《いっちょうけいき》の端なるべしとて、此章房不直梟悪《ふじききょうあく》を挾《はさ》み、偏頗漏脱《へんぱろうだつ》の儀なるべき器にあらざれ共、叡慮に一味し奉らざりし事を、深く怖れさせ給ひて、近臣成輔朝臣《なりすけあそん》に仰談《こうだん》せられしかば、彼名誉の悪党に、縁を挿り禄を與へて、竊《ひそか》に此章房を窺はせければにや、果してこの事を達したり。

これによるとどうやら発端は政治的暗殺である。天皇は信頼している中原章房に関東即ち鎌倉幕府を倒す日ごろの所存を打明けた。恐らく天皇は彼の賛成を疑わず、一味同心するのを信じてのことであったろう。ところが案に相違して章房は反対し諫止した。「先途の余殃」というのは四年前の正中元年天皇は密かに倒幕の謀を企画中早くもこのことが幕府の京出張機関である六波羅探題に探知され、相談相手となっていた土岐頼兼、多治見国長、日野資朝等の公卿が捕えられ、土岐、多治見等は殺され、日野は佐渡へ流配になった事を指している。その事件があってまだ幾何も経たず人心は定まっていないばかりか、関東ではこれにこりていよいよ軍備を固め体制を厳にしている。それに較べて朝廷は微力、敗北を喫することは明白である。ここで再び失敗したら、朝廷の存続にもかかわる大事に至る。このところをよくよく御思案なさったがよろしかろうと諫めた。

天皇は当惑した。もとより真実の諫言をする士は誠忠の臣である。それに章房は廉潔の士で秘密をもらしたりする人物ではない。それはよくわかっているが、千丈の堤も蟻の穴から崩れるということもある。万一、この大事が章房に語ったことによって他に洩れるようことがあったら取返しのつかぬ事になる。心配のあまり近臣の成輔朝臣に相談した。成輔は心配なくじぶんにお委せ下さいと云って、悪名高い瀬尾に多額の金を与えて消させたのである。

されば彼の横死も、天下大変の端として、朝儀より出けると、後にこそ粗聞へけれ。

『太平記』は歯切れのわるい文章で結んでいるが、いつの時代にもよくある政治暗殺である。口をふさがんために殺す、本事件ではいささか行きすぎの感があるが、それを理由に否定することはできない。
とすると、殺された瀬尾なる豪傑は単なる殺し屋にすぎなかったことになる。だが殺し屋が商賣で父を殺しても、子が父の讐として討てば敵討であることにまちがいない。

この敵討に関しては他書にも断片的であるが記録が残っている。

『常樂記』元徳二年四月朔日、大判官章房、於二清水一被二殺害一云々。『東寺執行日記』元徳二年五月十七日、章房嫡子章兼、號二親父敵人一、於二白河一令二打取一畢、一人召取畢、被二打取一仁、名譽悪党瀬尾云者也、実否未二治定一者歟。

この『東寺日記』では敵討に乗込んだのは嫡子章兼で、章兼は折悪しく病臥し、弟章信が赴いた、とする『太平記』とは相違する。

五　阿新物語

流人島佐渡ケ島で日野資朝卿の占める地位も高い。彼は正中二年（一三二五）鎌倉執権北条高時のためにこの島に流されている。理由は後醍醐天皇の密命によって関東征伐を企図したためとされている。

建国以来の王朝政治は平安朝末期に至って、みずからつくった失政で滅び、政権は新しく勃興した武士に移った。この政権交替に憤り、王政復古の悲願をこめて、鎌倉討伐を企図されたのが後鳥羽上皇である、鎌倉幕府が創立されてから三十年目、承久三年のことである。むろんのこと企図は失敗、後鳥羽上皇をはじめこの計画に一味された土御門、順徳の三上皇を隠岐、土佐、佐渡へお流し申すという不祥事で終った。

三上皇は、恨をのんでそれぞれの配所で薨ぜられたが、その悲願は苔草の下をくぐって一〇〇年、後醍醐天皇によってふたたび地上に姿を現わす。承久当時北条義時であった鎌倉執権はすでに五代を経て北条高時になっていた。

日野資朝は権大納言俊光の次子で、権中納言、従三位、文章博士、才学に秀れ、当代の偉才と称せられた。兄の権大納言資名は北朝の光厳院の信任厚く、足利尊氏の野望達成に貢献した人物である。時のズレはあるにしても兄弟立場を異にしなければならなかったところに当時の政情の複雑さが感ぜられる。もともと日野家は持明院統の公家であった。それを大覚寺統の後醍醐天皇が、資朝や同じ日野一門の俊基に北条討伐の大事を明し、共に謀られたことは、関東の目を眩ます計略だったとも思われるが、他面、皇室においては、持明院統、大覚寺統の対立は国史で説くほど深くなかったことを語っている。

資朝は後醍醐天皇から関東討伐、王政復古の相談をうけると、一門の日野俊基、花山院師賢、四條隆景等と〈無礼講〉という秘密結社をつくり、講学に事よせて討幕の謀をめぐらしていたが、密告によってこの秘密がもれた。執権北条高時は資朝、俊基を捕縛し、鎌倉に幽閉する。後醍醐天皇はこの事件にじぶんは関係していないという御告文を鎌倉に下されたので、高時はいくぶん怒りを解き、俊基は放免したが、資朝は主謀者とみなし、佐渡ケ島へ配流した。正中二年のことで、正史ではこれを正中の変と呼んでいる。

普通佐渡に流された政治的流人は比較的に自由な流人生活を許されているが、資朝の場合はそうでなかった。佐渡地頭本間山城入道に預けられ、山城入道は居館雑多城（真野町）内の薬師堂に幽閉して厳しく監視した。むろん鎌倉の厳命で、資朝は朝夕禅に参じ、読経にみずからを慰め、配所の日を送ったという。

正中の変は資朝の犠牲によって一応これで終ったが、御本尊、後醍醐天皇の鎌倉討伐の御意志は変らなかった。また、皇子尊良親王、尊澄法親王をはじめ、正中の変で鎌倉に連行され釈放になった日野俊基など中心に素志遂行の計画をすすめられる。が、時いまだ熟せず、今度もまた密告者があって露顕し、俊基は再び鎌倉へ送られ、天皇は六波羅に幽閉。そして高時は天皇に、持明院統の後伏見法皇の皇子量仁親王への譲位を迫った。天皇も止むなく資朝の兄資名をして神器を量仁親王に伝えしめ、親王は即位して光厳院となり、これから資名は光厳院に寵愛される。

再度の謀反にこりた鎌倉では、こんどは厳罰主義をとり、後鳥羽上皇の承久の乱にならって、後醍醐天皇を隠岐へ、尊良親王を土佐へ、尊澄法親王を讃岐へ配流し、日野俊基は鎌倉葛原岡で斬られ、その他事件に関与した者を処刑した。そして累は佐渡流配中の日野資朝にまで及んだのである。

もちろん鎌倉も、日野資朝は佐渡にあって自由を奪われている身だから、こんどの事件に関係ないことは知っている。にもかかわらず彼を処刑したことは、今度の事件を正中の変のつづきと見、二つの事件を一つと判断したからである。

これについて『太平記』は評定所での長崎新左衛門尉高資の意見を次のように記している。

先年土岐十郎が討たれしとき（正中の変）当今の御位を改め申さざるべかりしに、朝憲を憚りて、御沙汰緩かりしに依て、此事猶いまだ休まず、乱を撥て治を致は武の一徳なり。遥かに当今を遠国に遷し奉り、大塔宮（尊良親王）を、不返の遠流に、俊基、資朝以下の乱臣を、一々誅せらるるほか、別儀有べしとも存じ候わず。

これにたいし二階堂出羽入道の反対意見もあったが、大勢は高資の強硬論に傾きこれに決った。資朝が佐渡で処刑された時や場所は諸書によっていささかの相異がある。

『常楽記』は元弘二年五月二十五日、『太平記』は五月二十九日、『諸家系圖纂』は五月三十日、『公卿補任』

は六月二日。また処刑の場所も、『太平記』は城より十丁ばかりなる川原。『風土記』は竹田の里ぐみの木川原。『佐渡志』は国府大城戸のうしろ松山などとなっている。いずれにしても資朝は島に配されて七年にして佐渡ケ島の土になっている。行年四十二歳、現在阿仏房妙宣寺に資朝の墓と称するものがある。

資朝には阿新《くまわか》という息子がいた。後の中納言邦光であるが、父資朝の処刑当時十三歳で、資朝が正中の変で佐渡へ流配になった後、母と共に洛中仁和寺の辺りに隠れ住んでいたが、こんど元弘の変で父も断罪になるらしいという噂をきくと、生前一度あいたいと佐渡行を母に願った。ただでさえ忙しい母子暮し、母親が心よく許してくれる筈はない。

母頻《しき》りに諫《いさ》めて、佐渡とやらんは人も通《かよ》はぬ怖しき島とこそ聞《きこえ》れ、日数も経道《たつみち》なれば、何としてか下るべき、其上汝にさへ離れては、一日片時《いちにちかたどき》も、命存《ながら》ふべしとも覚ずと、泣悲て留めければ、よしや伴ひ行人《いくひと》なくば、如何なる渕瀬《ふちせ》にも、身を投じて死なんと申ける間、母痛《いた》く止《とめな》ば、又目の前に、憂別《うきわかれ》も有ぬべしと思ひ、力なく今迄只一人附添《ただひとりつきそい》たる中間を相添《あいそえ》られて、遥々《はるばる》佐渡国へぞ下しける。

この母子の情を西源院本はさらにるると次のように記している。

母上頻に留給ひけるは、甲斐々々《かいがい》しき若党も連《つれ》ずして、只独行《ひとりゆき》給ひては、路にて命を失ふか、又人を売買所《うりかう》なれば、売られて人の僕《しもべ》になり、習わぬ業《わざ》に仕《つか》はれん時は、悲嘆《かなしみなげく》とも叶《かのう》まじ。父をも見ず、母にも離れて、身を徒《いたずら》になし給はん事こそうたてなれ、資朝にこそ別れたりとも、それに角《かく》ておわせば、形見とも思ひ、又は世静《しずま》らば、父の跡を継ぎ、其菩提《ぼだい》を弔給ふべしと、憑敷覚侍《よろしくおぼえはべり》しにと、かき口説留《くどきとめ》ければ、阿新承りて、仔細《しさい》候はず、罷留《まかりとまる》にてと返事申て、独召仕《ひとりめしつか》ふ譜代《ふだい》の中間《ちゅうげん》を近づけ、汝を偏《ひとえ》に憑《たの》むぞ、佐渡へ下《くだり》て、父の御存命の間に、御顔色《みまい》をも見進らせ、又見《まみ》へ奉らんと宣《もうし》ければ、早《はや》御下向《ごげこう》候へとて、主従忍《ひそ》やかに出立たり。母上これを聞きて何と留るとも叶《かのう》はじ、さらば路程《ろてい》の用意なくてはとて、其沙汰し給ふ云々。

母子別離の情景、当時の世上、旅行の困難さなどよく現われている。

ともあれ阿新は父への慕情止み難く、母を無理に承知させ、衰微の家にただひとり残っていた若党をつれて父の配所佐渡ケ島へと京を発つ。

路遠《みちとお》けれども、騎《の》るべき馬も無ければ、はきも習《なら》はぬ草鞋《わらんじ》に、菅の小笠を傾けて、露分《つゆわけ》わぶる越路の旅、思ひやるこそ哀なれ、都を出て十日余（他本は十三日に作る）と申《もうす》に、越前敦賀津《えちぜんつるがのつ》に著にけり。是より商船に乗て、程なく佐渡国へぞ著にけり。

主従二人、馴れない旅を十数日、越前敦賀港までは徒歩で野山を越え、敦賀から商人船に便乗して、一応無事に佐渡ケ島へ着いた。

父資朝が幽閉されている地頭本間山城入道の居館雑多城は、現在の真野町国分寺のある辺りだったと想像される。が、地頭本間に紹介してくれる者もないので、直接、本間の雑多の館へ行き、中門の前に立っていると、

折節僧《おりせっそう》の有けるが立出《たちいで》て、此内への御用にて御立候か、又如何なる御用にて候ぞと問われければ、阿新殿、是は日野中納言の一子にて候が、近来斬られさせ給ふべしと承て、其最後の様《さま》をも見候わん為に、都より遥々と尋下《たずねくだり》て候と云もあへず、涙をはら〳〵と流しける。

さもありなんである。

老僧の目にも涙があったかもしれない、僧は急いで地頭本間山城入道にこの由を伝える。本間も決して冷

血漢ではなかった。僧の話をきくと痛く感動して、邸内の持仏堂に導き、旅装を解かせて、親切に歓待する。阿新主従は思いがけない本間の厚意を嬉しいと感謝しながら、この上は父に一目あわせてもらいたいと嘆願する。しかし本間はなかなかあわせない。あわせない本間の心境は、「今日明日斬るべき人に、是を見せては中々よみぢ（冥府）の障《さわり》とも成《なり》ぬべし、又関東へ聞へも如何有らすらんと父子の対面許さず云々」であった。今日明日でも断罪になる者に、なまじ子供をあわせたら、冥府の障りになるだろうという老婆心と、関東の許可もなく対面させたらあとでどんなおとがめがあるかもしれないという用心からであった。

父資朝は同じ邸内の持仏堂から四、五丁離れた薬師堂で処刑の日を待っていたが、だれからともなく、息子の阿新が海路はるばるじぶんを尋ねきて、持仏堂にいるときいて、

行宋知らぬ都に、如何有《いかがあら》んと思いやるより尚悲し。

流るる雲の行末に遠い都を偲び、どうしているだろうと案じていた悲しみより、延せば届く同じ邸内にいながら相見ることのできない悲しさがいやまさり……と、袂に涙のかわく暇もなかった。思いは同じ阿新も、「是こそ中納言のおはします、牢の中よと見遣《みやりて》は、竹の一叢《ひとむら》茂りたる所に、塹堀廻《きりぼりめぐら》し、塀塗《へいぬり》て、行通《ゆきかよ》ふ人も稀なり。情なの本間が心や、父は禁籠《きんご》せられ、子はまだ稚《おさな》し、縦一所《たとえいっしょ》に置たりとも、何程の怖畏《おそれ》や有べきに、対面をだに許さで、又同じ世中ながら、生を隔てたる如くにて、なからん後の苔《こけ》の下、思い寝に見し夢ならでは、相見ん事も有がたしと、互に悲しむ恩愛の、父子の情こそ哀なれ」であった。

ここで注意したいのは、最初は本間の親切な待遇に感謝していた阿新も、しだいにあわせてくれない焦だたしさに憎み怨みの情を催してきたことである。

毛利本、天正本では、ここで鎌倉から検使役が来島して、処刑を急がせるが……。五月二十九日の暮、資

朝は牢から出され、珍らしく行水をすすめられたことから、死の近きにあることを知る。それにしても目と鼻のところにいる子に会えぬ恋しさ、心の乱れ、しかし彼は悲しくも諦めて、泣く泣く阿新へ遺言を認める。

天地無二定主一、日月無二定時一、擧有二三才一、强有二三綱一、謂二之如夢幻泡影一、爰和翁懐二屈平之楚思一、八回優游、以到二今日一、爲レ汝爲レ言、秋霜三尺、曾不レ埋二貞松一、士見レ之、豁二開眼睛一、洒々落々、獨二立乾坤之間一、咄、

元徳三年五月二十九日　和翁

その夜半、駕籠で十町ばかり隔てた川原に引出されて首をはねられる。佐渡の郷土史研究家はその場所を国府川の川原であろうとする。

首を打たれる直前、敷皮の上に居直り、辞世の頌を書く。

五蘊假成レ形、四大今歸空、將レ首當二白刃一、截斷一陣風、

年号召の下に名字を書て筆を擱《お》き給へば、切手《きりて》後へ廻るとぞ見へし、御首は敷皮の上に落て、軀《からだ》は尙座せるが如し。

また天正本には、「自ら我首を抱て伏給ふ」と記している。哀れである。

『増鏡』にはこの資朝の最期を簡単に次のように述べている。

元亨の乱の初に流されし、資朝の中納言おも、いまだ佐渡ヶ嶋に沈みつるを、此程の序に失うべき由、預りし武士に仰せければ、資朝都に留ける子の許へ、哀なる文書預けり、既に斬れける時の頌とぞ聞侍りし、

四天本無主、五蘊本來空、將レ頭傾二白刃一、但鑽二夏風一

これによると阿新は佐渡へ赴いていない。赴いていなければ本篇の主眼である敵討も成立しないことにな

る、もちろん筆者はこれを捨てて前記『太平記』をとることにする。

阿新が父の遺骨を見せられたのは資朝処断後幾何の時を経ていたか『太平記』も詳細にしていないが、恐らく阿新が佐渡にきて地頭館の前に立っていたとき事情を聞いて山城入道に伝えてくれた僧によってであろう。その僧は資朝とも常に法談など交していたので、その僧によって形通りの葬礼を行われ、遺骨といっしょに書置の法語、辞世の頌等が阿新に渡された。阿新の悲嘆は述べる必要はあるまい。

「阿新是を一目見て、取手《とるて》もたゆみ、倒れ伏し、今生の対面遂に叶はずして、替《かわ》れる白骨を見る事よと、泣悲むも理《ことわり》なり」と、『太平記』は記す。

しかし阿新は健気だった。彼は心中深く決するところがあって、供の仲間に父の遺骨を持たせて先に帰京させ、じぶんは病気と称して本間館に残る。

流人に敵討がくっついている話は珍らしい。阿新は流人ではないが流人の父が島で殺されたのを原因に直接手にかけた島役人（地頭）を殺害したのだから流人の敵討と見なしてもよろしかろう。厳密に云えば父を殺害したのは地頭本間ではない、鎌倉執権である。本間はその命令によって役目を完うしたにすぎない。憎むなら鎌倉で、佐渡の小役人を怨むのはおかどちがいの感があるが、そう厳重に吟味していくと、敵討の代表とされている赤穂浪士の主敵討ちにしてもその色彩が多分にある。

阿新は処刑前に父に一目あいたい一心ではるばる佐渡へきた。佐渡へ行って父を救い出そうとか、その他のひそかに企図するところなど何もない、最後の訣別を告げること以外に他意はなかった。そのため彼は警固の責任者本間にも真情を披瀝して嘆願している。この父に対する子の真情をくんで本間が父子の対面を許していたら、彼はその武士の情に感激し、父の遺骨を抱いて帰京したにちがいない。が、残念ながら本間はこの武士の情、いや人間の情を知らなかった。知っていてもそれを行うことのできない気の小さい島役人であった。『太平記』の処刑に決まった者に、肉身の者をあわせたら冥路の障りになるだろうと考えたとする前段はいいわけで鎌倉の許可なく対面させ、後でこれがわかったとき、どんなおとがめがあるかもしれないと怖れる後段が真実であろう。こうした保身的左顧右視が往々にして大きな悲劇を生むことは今も昔も変りない。この場合流人島の敵討という特殊のケースを生んだ。

人の情も知らず今生の別れだに許さなかった怒りと怨みに燃える阿新は、仲間を先に帰し、じぶんは本間の館に残って、昼間は病気と称して臥し、夜になると本間の寝所など窺って隙をねらった。

どうもこの辺はおかしい、阿新は当時まだ十三歳の少年だ。いかに早熟な往時の事といえ、仲間は少年の決心を知っていたらなおさらのこと、知らないにしても子供一人しかも文字通り鳥も通わぬ交通不便な流人の島佐渡ケ島に残して帰るとは考えられない。それに昼は病気と称して寝ていて、夜になると起き出し隙を窺うなど子供の知恵と度胸で出来ることではない。しかしその疑問はさておき、四、五日経って雨風のはげしい夜がくる。警固の侍たちも番屋にもどって寝てしまう。阿新にとって待ちに待った好機である。阿新は嵐の中を本間の寝所に忍び込む。

寝所は二間になっていて地頭本間入道山城は悪運強く、この夜にかぎって寝所を替え、一間に実際父資朝を斬った本間の嫡子三郎が独り臥している。

これも山城入道に劣らぬ仇敵の一味である。走り寄ろうとしたが、阿新は刀を携えていないので、まず相手の刀を奪わねばならない。見れば三郎の枕元に立派な太刀を立てかけてあるが、燭台の灯が明るくて、うかつに忍びこめない。躊躇している阿新の目に、灯の影の映る明るい障子に庭の木立の影から集ってきた夏の虫（蚊蛾）がいっぱいいるのが映じた。彼は天の助とばかり障子を細目にあけると、その隙間から部屋の内にとびこんだ蛾の集団が、燭台の灯をめがけて殺倒して消してしまった。

阿新は部屋に忍び入り、先ず手さぐりで枕元の刀をとって腰にさし、太刀を抜いて三郎の胸元に当てたが、熟睡している者を殺すのは死人を刺すのも同然である、枕を蹴り、驚いてはね起きようとするところを、一の太刀で臍《へそ》の上を畳まで突き通し、返す刀で喉ぶえを刺切って、部屋をとび出し、裏の竹薮の中ににげこんだ。

後世の敵討のように別に名乗もあげていない。

このあたりも仔細に吟味すれば不審なところがいくつもある。敵を討とうとするものが刀も持たずに出かけるのもおかしいいし、蛾で燭台や灯を消させるのもあまり小細工すぎるし、大体風雨はげしい嵐の晩にそれ程蛾が集ってくる筈もなく、なにも蛾に消させなくとも障子を少し明ければ吹き込む風で消えるだろうし、そんな晩に雨戸もしめず障子一枚で寝るわけはない。

以上の敵討噺は前述したように『太平記』所載のもので、これから城内を逃げ出すことになり、救いの山伏を登場させたり、佐渡名物の竹を利用して濠を飛越えたり、抜かりなく趣向を凝らして興味深い読物としているが、果して真実を語っているかは保証できない。他書にはこの敵討の件はない、しかし佐渡には阿新かくれ松と称する松がある。逃亡の途中、追手をのがれてこの松影に身をかくしたと伝える。たぶん『太平記』がこの伝説を生んだのであろう。

敵討噺の真偽はともあれ、この主人公阿新が後の南朝の忠臣日野中納言邦光で、成人後の略歴を簡単に示すと、興国元年賊将上野頼兼と戦い、正平五年には後村上天皇の勅を奉じて九州に下り、同志の糾合と朝権回復のため力を尽し、同十六年二条関白師基、四条隆俊等と勤王の将士二千余騎を率いて都に攻め入り南軍の士気を揚げたが、後奥州の賊を討伐し帰る途中安倍野で戦死している。

六　討つか討たれるか

室町時代からその後年の戦国時代は文字通り乱世で、朝憲は極度に紊乱し、弱肉強食、下剋上の乱倫地獄絵を描き出す。とりわけ応仁の乱後は甚だしかった。下剋上というのは君臣、親子、夫婦、兄弟、長幼の序が失われることで、これまでこれを規制拘束していた法律とか道徳がその規制拘束力を喪失して、社会秩序が乱れる現象をいうのである。この室町時代から戦国時代にかけてどうしてこのような世相が出現したか、その原因は種々あるであろうが、本篇はそれを究明する必要はない。

戦国の末期、明智光秀が織田信長を本能寺に襲って殺した。世にこれを本能寺の変と称し、光秀を主殺しの逆賊となし、この事件を下剋上の代表のようにいっているが、戦国時代の名のある武将で程度の差こそあれ光秀に似たりよったりの行為を行っていない者は珍らしいくらいだ。だが当時は誰も騒がなかった。問題にしなかった、当人も世間も免疫して至極当然のことと考えていた。それが本能寺になって騒ぎだしたということは、すでにこのころになると乱世の底にも新しい仁義道徳が芽生えはじめていたことを物語っている。

下剋上には弔合戦というものが起る。本能寺の変にたいし豊臣秀吉の山崎の合戦がそうだ。本能寺が有名なだけ山崎合戦もよく人口に膾炙される。陶晴賢を討った毛利元就の厳島の海戦もそうである。弔合戦をやって主君の跡を主君の子に継がせじぶんはこれまで通り臣下の礼をとったという例はまずない。山崎の一戦に主君の仇を報じた秀吉は織田の後はちゃっかりじぶんで襲うているし、厳島の毛利にしても同断である。

が、弔合戦の本質や現実の問題は別として、戦国時代における敵討はおおむねこの弔合戦というかたちをとっている。しかしこの種の敵討は後世の常識的な敵討からは外される。室町・戦国時代に敵討の文献や伝記・伝説が少ないのは、この弔合戦の影にかくされてしまったことや、なんせ朝から晩まで戦争ばかりの世相で、個人的な個と個の斬り合いなど世上の注目をひかなかったせいかもしれない。

しかし文献や伝説に少ないほど実際にも少なかったかといえば必ずしもそうとは考えられない、敵討が本質において人間感情の自然の発露である以上、ことに四囲は殺伐に明け暮れているとき、敵討という殺し合いだけが少なかったとは考えられない。

『明良洪範』は真田増誉という幕臣（徳川）が、戦国末期から五代将軍綱吉の初葉に至る間の、徳川氏を中心として、これに因縁ある諸将家臣の言行事蹟等を年月の順序もなくただ見聞に随って記録したものであるが、その中に次のような敵討が記してある。数少ない戦国末期の敵討記録として珍らしいから紹介してみよう。

朝倉義景といえば戦国末期の越前一乗谷の城主である。同国小谷城の浅井長政と組んで最後まで織田信長に抗し、ついに天正元年信長のため滅ぼされ居城と運命を共にし、越前の名門朝倉氏最後の領主となるが、当時越前の名将であったことはまちがいない。父朝倉宗滴にも『朝倉宗滴話記』という戦国武将の心得を説いた有名な著がある。

この朝倉義景の家来に松木内匠という家士がいた。

　年来の仇ありしに彼が為にはかられて討たれ

とあるから、仇とねらっている者に計略にかけられて却って討たれる。本文では仇の名前もわからないし、身分も明らかにしていない、また父の仇か兄の仇かもはっきりしない。ともかく仇はじぶんを仇とつけねらう松木内匠を生かしておけば夜もろくろく眠れないというわけだろう。はかりごとにかけて討ちとってしまった。

内匠には妻子があった。妻は夫が殺されぐずぐずしていると累はじぶんたちにも及ぶのを恐れ、十歳になる子をつれて山中に逃げこんだ。

そして十年経ち子は二十の青年になる。

彼には父を殺した仇は二重の仇敵である。共に天を戴かざるぐらいのものではない、絶対に討たねばならぬ。ひそかに仇のようすを探ってみると、じぶんの領地に館を建て、館の周囲には深い堀をめぐらし、夜は橋を外してしまうといった要心堅固さで、一人や二人の小人数で目的を達しようなどとは到底思いもよらぬことである。といって止すことはできない、彼は斬り死を覚悟し、まず館のようすを探るため、乞食に身をやつし、門前に近づいてみると、門は門番が固く厳しく出入りの者を監視していて忍び込む隙もない。裏に廻ると台所の上に煙出しの引窓があって、その外は井戸になり、井戸には車釣るべがかけてある。彼はそれだけ見届けて一度家に帰り、深夜を待って出かける。

もちろん門前の橋は外されているので、堀を泳ぎわたり裏の厨屋の屋根に登り、車釣るべの縄を伝って降りようとすると、不運にも縄が切れて真逆さまに井戸の中へ落ちる。

この水音に目をさました家人たちが井戸端に集まってきて盗人が忍び入ろうとして落ちたにちがいない、突き殺してしまえと騒ぐが、主人が起き出してきて、ともかく一度引揚げてみろと命ずる。

濡れ鼠になって引揚げられた彼は、取囲む家人たちに、盗人が、なんのために忍び込もうとしたとさんざん小突きまわされ、じぶんは昼間の乞食で、こちらに沢山食糧があるのをみて、つい盗みに入った。命だけは助けてもらいたいと泣いて乞う。なるほどよく見れば昼間の乞食なので、家人たちはどうしたものだろうと迷っていると、仇の主人が松明《たいまつ》を近づけて彼の顔をつらつら眺め、どうもこいつの面はじぶんを仇とつけねらって殺された松木内匠の顔に似ている。あるいは松木のゆかりの者かもしれない、生かしておいては面倒だ、夜の中に墓地に連れていって殺してしまえと命ずる。家人共は厳重に縄をかけ大勢で取囲み墓地へ引っぱっていく、この騒ぎに村中の若者たちも集まってきて、手に手に松明をもってついてくるので五、六十人の大勢になる。

墓地には両側が深い谷になっている山道を通って行かねばならない、谷の底には遠くの水の音がきこえていた。この馬の背道で松木は不意に横とびに走り出し、あっというまに谷へ跳びこむ。巻添えを喰ったのは縄を握っていた下人たちだった。彼らも引きずりこまれて悲鳴をあげながら谷底に落ちてしまう。

谷は暗く深い。巻添えの下人共は谷底に転落してそのまま空しくなったらしいが、松木は奇蹟的に微傷も負わず助かる。谷底から上を見上ぐれば松明の灯が星のようにきらめき、人声が遥るかに聞える。松木は神仏のお加護に感謝しながら縛られた縄を岩角で切り、顔には泥を塗って、けわしい岩壁をよじ登り、人の捨てた松明を拾って、何喰わぬふうで人群の中にまぎれ込み、一緒に館に帰る。

当の本人がじぶんたちの群の中に紛れこんでいることに気づかぬ家人共は館につくと、主人に事の次第を報告する。

主人は満足の体で、あの深い険しい谷底にじぶんから跳び込むとは、飛んで火に入る夏の虫より愚かな奴、定めし木葉微塵になったにちがいない、明日はさっそく谷へ行って死骸を運んでこい、皆々御苦労だった、早く帰ってやすんだがよい！　里人たちを帰し、家人には戸締りを怠るなといって奥へ入る。その間に松木は人々の隙をうかがい、床の下に身をかくし時刻のたつのを息を殺して待っていたが、やがて一番鶏の鳴くころ床の下から這い出し、足音忍ばせて奥へしのびこみ、仇の寝所を窺ってみると、仇は枕行燈に火を入れたまま、左右に女を添寝させ、死人のように寝入っている。

松木は躍る心を押え、枕元においた仇の刀を取って抜き放ち、一刀のもとに刺し殺し、打落した首級をひっさげて寝所を出ようとするとき、添寝の女どもが目を覚し騒ぎ出そうとしたので、血刀を振りあげ、騒ぐと斬るぞ！　と嚇したので女たちは声も立て得ず夜具に顔突きこんでただふるえているだけだった。

かくて松木は数多の戸障子を押開き、憚る所もなく、欠出《かけいで》しに、家内俄にさわぎ立て、追い来る者の中に、一人は刀を持ち、一人は槍を提《ひっさ》げて、間近く欠来《かけき》たれば、立帰りて、抜持たる刀にて、二人ともに切伏せ、山路を落行てけり。

仇を仕止めるまでは慎重に慎重をかさね、泣いたりふるえたりしてみせていた松木も、目的を達したあとは果然大胆になり堂々と如何にも武士らしい行動に変っている。恐怖にふるえる女たちは「騒ぐと斬るぞ」と嚇して無用な殺戮をさけ、しかし刀槍を持って追いかけてくる家人は立ち帰って切伏せる小気味のよさを演ずる。

「比《たぐ》いまれなる働き、又あやふき事など云斗《ばかり》もなし、誠に一命を捨て敵を討つべき志、神明の加護なるべしと、其頃皆賞しけり、松木は後又朝倉へ仕えしとぞ」と、『明良洪範』は結ぶ。

この文章も『太平記』と同様に理論的には小首を傾げるような点が多い。そうしたところから著者の創作ではないかと疑心も抱かせるが、枝葉に脚色はあっても本筋は真実であろう。全文を通読すると如何にも戦国末期の世相が浮彫にされている。仇敵の名前も身分も明示していないが、地方の小さい豪族らしいことが読みとれる。一村か二村か勢力下におくボスで現在でいえば三〇人か五〇人か従業員を抱える町工場の経営者程度のものである。戦国時代はこの種の小ボスが兵力を養い少しずつ周囲を侵略奪取して地方豪族となり領主になっている。

この敵討には後年ことに徳川時代の敵討に見られるような華かさがすこしもない。もっとも徳川以後の華麗さは芝居演劇によるショウ的華さであることは争えないにしても、この時代の敵討が如何に素朴で挾雑物がなくそのものズバリであったことを窺わせる。

さらにいま一つ留意したいことは、討たれる側の警戒心の大きさである。本節の仇敵小豪族はじぶんが殺した松木の遺児がじぶんを仇敵とつけねらっていることは確実には知らないようだ。知っていたら遺児の父親同様謀殺して禍根を絶ったにちがいない。しかしねらっているかもしれぬという不安はあった。その不安が文章に綴られているような細々した点にまで厳重な網を張らせる。喰うか喰われるか、殺すか殺されるか、ギリギリのところまで追いつめられた戦国の時代相が個人の生きかたにも如実に顕われている。もとよりそこには討たれてやろうといった後世の武士道的余裕などみじんもない。

注

（1） 現世はすべて假の姿であるが、咲いてすぐ散る花でも咲くには咲くだけの理があるから、僅かな生命でも大切にする事。

（2） 百合科の多年生だから、秋に色づくのと、來年もまた花咲くという二つの樂しみがあるという意味。

（3） 神佛の霊の降臨すること。

（4）菊科に属する多年草本で忘草とは異種に属するが、當時は同じとしたらしい。
（5）牡丹の異名、和名「はつかぐさ」濃艶な花である。
（6）白氏文集の二十日の訛讀。
（7）漢詩の一體。
（8）御咎の身であるからという意味。
（9）論語に云う。定公問君使レ臣、臣事レ君如レ之何、孔子對曰、君使レ臣以禮、臣事レ君以レ忠。
（10）伊東祐親の父、祐隆、兄弟の曾祖父になる。
（11）三郎祐重、河津は地名、赤澤山の狩の歸途、工籐祐經の家來に殺される。
（12）祐親は平氏に味方して頼朝を殺害しようとして罰せられた。
（13）河津の妻滿江（兄弟の母）がまだ河津に嫁がぬまえに生んだ子。
（14）兄弟の姉で二宮太郎に嫁している。
（15）末子で父の横死後生れ、叔父九郎祐重に養われて越後にいた。兄弟の死後、頼朝に捕えられて自殺している。
（16）七生、人は十代生れ替るという。
（17）時致の云いぶん。
（18）ちりぢりになって住んでいる。
（19）頼朝の旗本、陣營に忍びこんだ兄弟に工藤の陣屋を教えてやる。武士の情として芝居などで持てはやされている。
（20）・（21）共に遊女。
（22）頼家。

(23) 頼家の二男、幼名を善哉といった、父頼家が殺されたときは僅か四歳。後剃髪して公暁とよび、大津の三井寺に學び、ついで鎌倉の鶴ヶ岡の別當に任ぜられた。實朝を殺し、自身も殺された。十九歳。
(24) もと高僧の意。出家の敬稱。
(25) 大臣の大饗の意。大臣に任ぜられたときや毎年正月、大臣が他の大臣や殿上人を招待して催す大宴會。饗は饗應。
(26) 宴会に正客として招待される身分高い人。この度は権大納言藤原忠信、権中納言藤原実氏などであった。
(27) 公卿と同義。位は一位から三位、官は太政大臣から參議まで。
(28) 訪ねてきた。
(29) 鎌倉鶴ヶ岡八幡宮。この神社は源頼義が陸奥の安倍貞任を討つとき、山城（京都）の男山八幡宮を鎌倉由比ケ濱に勧請、さらに頼朝が幕府をひらくとき、小林郷松岡に移し、建久二年焼失、同地山上に本社を再建。鎌倉幕府は守護神とした。
(30) 朝廷。
(31) 建保七年は承久元年。
(32) 午後八時。
(33) 午後六時。
(34) 源仲章。

第五章　江戸時代の敵討

一　敵討の規制

敵討は人間至情の発露である、目には目、歯には歯という本能から発したものとはいえ、これを否定することは人間性を否定することになる。

中国では太古から「父の讐、倶に天を戴かず」とこれを肯定し、孔子も「苫に寝て干を枕にして仕えず、天下を共にせざるなり、これに市朝に遇えば、兵に反らずして斗う」とハッパをかける。

老子は「怨みに報ゆるに徳を以てする」と否定するが、これに耳を傾ける者は少なかった。

むろんわが国でも中国文化渡来以前から行われていることはすでに述べた。それが儒教の渡来によっていよいよ正当化され理論づけられ、さらに日本独特の武士道の起ることによって確固不抜のものにする。もともと武士道は主君に対する家来の道を説いたものだ。『礼記』の「父の讐倶に天を戴かず」にいつのまにか主君がねりこんで「君父の讐倶に天を戴かず」になったのも不思議はない。

本来、犯罪刑罰は国法によって行われるべきである。人を殺した者は国家が国法によって処断するのが本筋であるのを、殺された者の子なり弟なりの関係者が私に殺しかえして処断するのは本筋から外れる。この観点から当然敵討違法論も起るが、しかしそれは国法が確立されての上で、肝腎の国法が確立されない時点ではこのような議論の起る余地はない。

わが国が名実ともに統一国家として公権の確立をみたのは、徳川氏による江戸幕府樹立以来とみてよかろう。徳川家康は慶長八年(一六〇三)江戸に幕府を開くと、和漢の法制関係の書籍をあつめ、公家法制(令義解、令集解)、武家法制(御成敗式目、建武式目)などを参考として、武家諸法度、公家諸法度を制定しこれを遵守すべきことを誓わしめた。その後代々の将軍は必要に応じて諸法令を制定し、八代将軍吉宗など『御定書百箇条』といった法令を発布したりして幕府の制度は一応完備した。

法制は完備しこれを施行する公権は確立する。当然〈敵討〉という原始的で私的制裁は問題にならねばならぬ。事実西欧先進国では公権力の確立とともに衰退し、裁判制度がこれにとってかわった。換言すれば父を殺され兄を殺された者には、国家がこれにかわって加害者を捕え、裁判にかけて法によって處罰することになったのである。しかしわが国に於ては公権確立後といえども従来通りというよりもむしろそれ以上に奨励され、殊に武士階級にたいしては武士の本分として要求され義務づけられたと云ってよい。理由は簡単である、武家政治の立っている基盤は武士道であり、武士道は敵討を要請するからである。

それでは公権の確立とともに私的復讐を廃して公権の発動に替えた先進西欧諸国には、武士道はなかったかというと、武士道という名称ではないが、これに共通する点もある騎士道というものがあった。当然騎士たちはこの私的復讐の禁止に猛然反対、その存続を主張したが公権には歯が立たなかった。ここに西欧諸国とわが国の政治基盤の相異を窺うことができる。

とはいえ確立した公権は、敵討という美名の下の私的制裁を野放図に放置はしておかなかった。敵討の範囲、手続、場所等に種々の制約を規定した。これはとりもなおさず従来の為政者が敵討にたいし黙認という消極的なものからさらに一歩すすんで公認というかたちをとったことになる。

もっとも徳川以前もこうした規制が無いではなかった。前に記した『長曽我部元親式目』『板倉政要記』

等に記された制約などあるが、これらはいずれも地方的封建領主の制定した領内の掟で全国的なものではなかった。徳川にいたってはじめて全国的に統一されたわけだが、この基礎になったのはこれらの地方的掟であったことはその内容からみて明白である。

徳川の規制については後で詳述するが、従来の地方的規定を重複するところもあるが参考のため掲げておこう。

『長曽我部元親式目』掟

一、敵討之事、親之敵を子、兄之敵を弟打可レ申、弟之敵を兄打は逆也、叔父甥之敵打事は無用之事、
右之條堅相守、此外従二先規一相定数ヶ條、今以不レ可レ有二相違一者也

慶長二年丁酉三月朔日　　元親

『板倉政要記』三

一、討二親敵一事、不レ依洛中洛外、於二道理至極一者、任二先例一、不レ及二沙汰一義也、雖レ然禁裡仙洞ノ御近所、神社佛閣ニテハ可レ有二用捨一、若自分ノ寄二遺恨事一、於二左右一號二親ノ敵一、不レ輕二公儀一、猥ニ人ヲ令二殺害一者、准二辻斬強盗ノ法一、或ハ同類トモニ可レ行二死罪一事、

敵討は人間の本能から発する人情の発顕であり、なにも儒学や武士道がなくても存在する。結構他人の助力がなくても独りだちできるのに、儒学や武士道がハッパをかけるからいよいよ勢いづいて盛んになる。いうなら敵討は人情と武士道と学問倫理が三位一体となった行為であるといってよかろう。

昔は――この場合平安朝末期の武士の起りから武家政治の終りまで指すが――公家、武士、それに農工商

三民の庶民と三階級に分れ厳然と区別されていた。

公家は学問はあるがお飾りで観念的で、武士道など一階級下の武骨者共の下品な道だと軽べつする。人情も雲の上の人たちなので地上の者とはちがう、目の前で父を殺されても、涙は流しても泣き悲しんでも、目角をたてて殺し返そうなど乱暴なことはしない。せいぜい人に頼んで怨を報ずるくらいなものである、これでは復讐にはなっても敵討にはならない、このように敵討の三本脚とも持っていないに等しいから、公家の敵討というものは古今を通じて少ない。

一方、庶民は学問もなければ武士道もない、あるものは野育ちの人情だけだ。三本脚の二本を欠き人情一本脚だから算術的計算でいっても三分の一になり、これも公家についで少なかった。江戸時代も元禄以後の中期になるとこの庶民の敵討が急に増加してきたがそれについては後で詳述することにする。

そこで残るのは武士階級である。彼等は日常生活にも武士道を本分とし、学問も武士のたしなみとして深くはなくとも一応身につける。人情も雲の上の公家さんほど俗離れはしていない、彼等こそ完全に三本脚で立っているのだ。当然、敵討も多く、敵討といえば大体武士のものといった感が深い。そうした実情から徳川時代における敵討の規制などももっぱら武士を対象としてつくられたものであった。

江戸時代は武士の世の中であった。公家公卿は京都の片隅に封じ込められ、庶民は世間の底に押し込められた。武士だけが人間の代表として堂々闊歩した。それだけに武士には武士としての心得と行為が要求された。この要求は当時の武士道書『葉隠』や『士道』などでも明らかのように、従来の武士道を基盤として、さらに枠を広め短を補い、これを具体化し実践化したもので、平安朝末期武士の起りとともに発生した武士道が、長い歳月を経てこの時代に完成されたといってよかろう。

しかしこの完成は必ずしも従来の武士道の自然発展の結果とはいえない。当時の為政者の政治のための作意がその根底に潜在していることは否めない。その故にこそ武士道は武士の本分として国法に優先することさえあった。

武士は武士の本分によって自分のことは自分で責任を持つことを要求される。自分でしでかしたことは自分で始末をつけねばならない、自分で始末をつけられないで他人の手を借りるなど武士の本分にもとり武士の資格はない。この場合他人というのは公も指している。止むを得ず罪を犯した場合、公の手をわずらわし裁判にかけられ処罰されるなど武士としてあるまじきことになる。国法も武士にたいしては自分で自分を処することのできる人間として法の適用から除外する。寛保年間にできた『御定書百箇条』など徳川幕府の刑法の根幹となる法典であるが、「刑は士大夫に及ばず」と士以上には及ばないことになっている。

敵討も同様だ。敵討は多くの場合私事である。武士として当然自分で始末をつけねばならぬ。町人・百姓なら自分で自分の事を処理する能力なしと見なしているから、国法で犯人を捕え処罰してもらえるが、武士の場合はそうはいかぬ。武士の本分が自分で討てと厳命するのである。敵討の大部分が武士であった由縁もここにある。

ところが徳川時代も中期以後になると、この敵討の本命である武士の敵討がだんだん少なくなり、別に討たねばならぬと要求されない百姓・町人など庶民の敵討が割合に多くなる。どうしたわけであろうか。

人間の精神は水ものである。境遇や時勢によって流動変化する。古来からの武士道精神も、経てきた時代によってそれぞれ相貌色彩を異にしている。鎌倉時代の武士道精神と室町戦国時代のそれとはかなりの相違がある。

江戸時代に至って武士道は完成された。その精神は武士の本分として武士の総ての生活の基盤となった。しかし如何に完成された武士道精神といえ確固不動ではあり得なかった。境遇の変化や時勢の推移によって変化する。

徳川時代も初期寛永のころまでは戦国時代の気風が残っていて、刀一振り、槍一筋さえあればどこへ行っても飯なんぎはしないという気持があって、武士道も「君君たらずんば、臣臣たらず」であったが、幕府の基礎も完全に固まり世の中が平穏になると刀槍が生計のたよりにするに力を失し、武士道も「忠臣二君に仕えず」に変ってきた。

平和は武士の生活に対する観念を変えさせた。昔は禄にはなれても腕一本脛一本でどこでも生きていけるという自信があったが、いまはそんな心の余裕は許されない時勢となった。しぜん家内安全事なかれ主義にならざるを得ない。勢い昔ならささいなことでも、武士の一部が立たぬといきまいて殺傷沙汰に及ぶところもじっとこらえて平穏にすます。殺傷沙汰が少なくなることは必然的に敵討というものを少なくする。これを換言すると武士が昔の武士気質を忘れて当世流になったことを、昔気質の者は気に食わない、武士道すたれたりと慨嘆したものである。

これまで敵討は武士として当然のことであって、特に賞讃に値するものでもなければ、珍らしいことでもなかった。しかし武士が当世流になって敵討も少なくなるとたまたま起る敵討がまるで未曽有の快擧かのごとく持てはやされ、武士道の精華のごとく賞讃されるようになる。元緑十四年におきた播州赤穂の浪士たちの敵討などそのよい例である。

徳川時代の敵討の特色は中期以後において、庶民の敵討がふえたこと、妻敵討などいう変形的な敵討が顔を出したことであろう。妻敵討というのは別に妻の敵を討つことでなく、妻と密通したいわゆる間男討で、なんとも間の抜けた敵討であるが、巻末に掲げる徳川時代の敵討表を見れば明らかなように享保以後でも十数件を数えている。この庶民の敵討、変形敵討については別に詳述する。

二　敵討の不文律

敵討は本来「死に報ゆるに死をもってする」ことである。父が殺されたり、兄が闇討になったという場合、その子なり弟が、加害者を殺しかえす――これが敵討の常道であって、傷つけられても生きていては敵討の条件をみたさない。むろんその場で死ななくてもそれがもとで死んだら条件は成立する。この場合自決でも構わない、たとえば不意に斬りつけられさんざん手傷を負わされたが生き残った。そこに家族などが駆けつけ、手当養生すれば一命は取りとめる傷であっても、無念口惜しと自刃するような場合である。むろん無念口惜しとわめかなくても別に差しつかえはない。

だが殺害されても敵討の条件にたらぬ場合が幾つかある。順々に述べてみよう。

上意討

御意討ともいった。殿様が家来を手討にしたり、別の家来に命じて殺させたりすることである。

封建社会において主君は家臣に対し生殺与奪の権をもっていた。殿様がどんなに無理無法で家来を手討にしたり人に命じて殺させたりしても文句はいえない。もともと家来は一切御意のままにという条件で主従の関係を結んでいるのだから当然といえば当然のことである。この時代に書かれ今日まで残っている武士道書はすべてこの主従の関係を正当化し強調している。

『葉隠聞書第二』に次のような条がある。

何某事、数年の精勤にて、我人一応御褒美仰付けらるべしと存居り候処、御用手紙参り、諸人前方より祝儀を述べ候。然る処、役米加増仰付けられ候に付て、皆人案外の儀と存じ候。然れども仰付の事に候故悦び申し候へば、何某以ての外貌振り悪しく、「面目無き仕合せに御座候。畢竟御用に相立たざる者に候故、斯の如きの行掛り、是非御断り申し候て引取り申すべし」などと申候を、入魂の衆色々申し宥め候て、相勤め申候。これ偏に奉公の覚悟これなく、唯我が身自慢の故にて候。御褒美の事は扨置き、侍は足軽に召成され、何の科もこれなきを切腹仰付けられ候時、一入勇み進み候こそ御譜代の御家来にて候。

これは具体的な事例を批判しているが、要するにこの条のいわんとしていることは、主君から無実の切腹を仰付けられても、よろこんで切腹するのが家来の道というのである。切腹をお手討に置きかえても教訓の主旨には変りない。これでは絶対に敵討など成立しない。

御意打には主君みずから手打にするのと、人に命じて殺させるのがあることは前記したが、前者の場合はストレートだから間違いの起る余地はなかったが、後者の場合は時によるとハプニングの起ることがあった。

『常山紀談』にこんな話が載っている。

さる西国の大名がお気に入りの家来を数名つれて、城外の馬場に桜見に出かけた。馬場につくと三々五々咲き誇った花の下を逍遥していたが、日ごろ仲のよい友人と連れ立って歩いていた若侍が、いきなり抜刀して友人を斬りつけた。不意を食った友人は深く斬り下げられた肩先を押えて「乱心か！」と叫んだが、若侍は一言の声も発せずこんどは急所をめがけて一突き、友人は鯉口三寸切っただけで抜刀もできず落花の地上にぶっ倒れた。このさまを近くの花の下から倒れた侍の弟が見て、走りつけるなり「兄の仇！」とばかり斬りかかった。若侍は斬りかかる弟に向って、「待て、上意討ちだ」と叫んだが弟はきかばこそ遮二無二に斬りつけてくる。本来ならこの若侍はこの弟になどおくれをとるような技倆ではなかった、が、どうしたはずみか少年の刀が若侍の片腕を斬り落した。そこに他の近侍が駆けつけてきて二人を取り押え、若侍は応急手当をしたので命は取止めた。

若侍が朋友を斬ったのは確かに上意討ちだった。当然それに斬りつけた加害者の弟は罰せられねばならない。が、ここに議論が起った。それは若侍が朋友を斬りつけたとき、上意討の声をかけなかったことである。それについて若侍はこう辯明した。上意討！と声をかけて斬り殺せば、怨みが主君に残る、それゆえ声をかけずに斬り伏せたというのである。一方、少年辯護派は上意討は上意討とはっきり声をかけて斬るべきで、それを告げずに斬れば私闘になる。斬り殺された者の弟が斬りつけたのは当然のことで武士道に叶った賞讃すべき行動であるというのである。結局少年もお咎なくすんでいるが、これなど上意討の代表的ハプニングであろう。もっとも芝居や小説では上意討と声をかけて斬りかかっているようだ。

この主君と家来の関係は、領主と領民の関係とも一致することはいうまでもない。領民が領主から斬殺されても、領民の子は領主に向って親の仇呼わりなど出来ない、全くの殺され損である。

手討は必ずしも主が従を斬るものとは限っていない。父が子を、兄が弟を手討にする場合もある。この場合も敵討は成立しない。

ともあれ封建社会においては忠と孝が社会秩序を保つ根本だった。これが揺らぐと社会秩序は乱れる。そのため君父に絶対の権利を持たせておいたのである。

それでは主君は家来を、親は子をやたらに殺害してもよいかというと、必ずしもそうではない。これは人道倫理の問題であるが上に立つものはこの人倫の道を充分わきまえているとされている。それ故これに反して家来や子を殺害した場合、さらに一段上の法度なり掟がこれを罰する。無法に家臣を殺害した大名が改易になったり、勝手に子を成敗した親が切腹を仰せつけられたりした例は珍らしくない。

以上はすでに主従の関係、領主と領民の関係にあった場合を述べたが、それでは事件が起ってから主従の関係を結んだ場合どうなるか。こんな場合もある。例えばある有力者に父を殺害された。用心堅固で尋常では近づくことができない、そこで便宜のため家来になって近づき隙を窺って討つというような場合である。父が殺害された時点ではまだ主従関係でなかったから当然敵討が成立した。が、如何に方便でも一日でも主従の関係を結んだ以上敵討は成立しなくなる。いいかえれば一日でも主としたものは討つことは許されなかった。敵討許可書は持っていても主殺しの罪に問われる。

果合い

果合《はたしあ》いは双方合意の上で血斗することである。納得づくの斬り合いだから、どちらが斬り殺されても敵討は生れて来ない。

この場合、自分が直接相手のところへ行って合意を得てくる場合もあるが、そしてそれが一番正々堂々としているが、多くの場合書面で申込む。いわゆる左封じの果状である。

果状には場所や時などを指定する。もっともこれを受けるか受けないかは当人の自由である。しかし果状をつきつけられて受けなかったとなれば卑怯者・臆病者とされる。これは武士として死にまさる恥辱だ、一〇〇パーセント受けたものである。おたがい合意の上で命を賭けて決着をつけるのだからいかにも男らしい。こんなことから果合いも敵討と同様に武士道の華と称せられたものである。しかし徳川時代も中期以後になって武士が文弱に流れ、果合いも少なくなってくると、かえって博徒や侠客の間でさかんに行われるようになった。

いずれにしても武士の果合いには武士道の規約があり、博徒、侠客の果合いにはそれぞれ、その世界の規約があった。その規約通りに事が行われると敵討は生れてこないが、規約通りに行われないとこれが生じてくる。いい例が堀部安兵衛の高田馬場の敵討である。もっともこの事件は厳密にいえば敵討でなく助太刀であるが、世間はこれを即座の敵討として、安兵衛を一躍有名にした事件だから簡単に覗いてみよう。

事件は元禄七年（一六九四）二月十一日に起っている。赤穂浪士吉良邸討入りの八年前である。当時堀部安兵衛は中山安兵衛といっていた。越後（新潟県）新発田溝口家の浪人で、播州赤穂浅野家の家臣堀部の養子になる前である。生後まもなく母と死別し、父の手一つで育ったが、その父も上役と口論して蟄居閉門になり、閉門中に死んだ。安兵衛十四歳の時であった。この父の死によって中山家は完全に亡んだ。天涯孤独の身になった少年安兵衛は江戸にいる母方の叔父菅野六郎左衛門を頼って上京したが、途中上州高崎で馬庭念流の宗家樋口道場に立寄り、十二年間みっちりと文武の技を磨いて江戸へ出た。身を寄せたところは叔父菅野六郎左衛門の宅である。菅野はもう六十年輩の老人で、伊予西条城主松平家の武道指南役、江戸定詰で青山百人町に住んでいた。一説には菅野は安兵衛の叔父でなく、樋口道場主樋口十郎左衛門が紹介してくれた人だという説もある。

叔父の家に寄食して当時日本一の剣客と名声高かった堀内源太郎左衛門の麹町の道場に通い、さらに技を磨いていたが、そのうち叔父の家を出て市ヶ谷辺りに別居した。麹町の道場に通うのに便利だったからである。生活費は叔父菅野が貢いでいたと思われる。この頃の安兵衛を講談や芝居では呑んだくれの喧嘩安に仕立てているが、事実は絶対そんなことはない。酒は好きだったかしれぬが、ひたすら文武の道に励む好青年であった。当時柳沢出羽守の家中で儒学の誉高い細井広沢を知り親交を結んだのもそのころだった。〈赤鞘のぐれ安〉ではそんなことはできない。

菅野六郎左衛門の同門の士に村上庄左衛門という者があった。ふとしたことから菅野は村上から果状をつきつけられる。口論がもととか囲碁の争いからとか諸書によってちがうが、違うところをみると命を賭けて決着をつけねばならぬほど重大な理由とは考えられない。時日は二月十一日、場所は牛込穴八幡の上、高田馬場。むろん菅野はこれをうけ、若党一人を見届けのためつれて出かけるが、出かける間際になってはじめてこれを妻に告げ、

万一の場合あとのことは安兵衛に頼め。門人共には他言無用、助太刀などに来てはこの名がすたる。

と、いい残して出かけていった。驚いた妻は事が事だけに安兵衛に急便を走らせる。安兵衛はちょうど寝床を離れたところだった。手早く身仕度を整え、茶漬を三杯かきこみ、

拙者叔父こと、仔細あって、高田馬場に於て果合いたし候につき、見届のため罷り越し候。無事に立帰り候はば、年来の御厚情、其節御礼申し述べく候。

と、書いて壁に張りつけ家を出た。

尻を端折って跣足のまま関の孫六を腰にぶっこみ、尾張屋敷の塀にそうて坂を駆け下り、若松町から馬場

下町へ章駄天走り、途中居酒屋の前で五合桝でひっかけ、穴八幡の坂を一気に駆け上り、馬場を目の前にして、用意の縄で襷がけ、それをみた見物人の中から、十五、六の妙齢の娘が走り出てきて、「縄の襷は不吉でございます」と真紅なシゴキを解いて貸す。この娘が赤穂の家臣堀部弥兵衛の娘、娘は父につれられて八幡さま参詣の帰路この果合いにひっかかって見物していた——とするが、この辺は全部講釈師の張扇でたたき出されたもので、殊に赤いシゴキのくだりなど真赤な嘘である。あとで安兵衛の妻になった堀部の娘は当時まだ三つか四つの幼児だった。

安兵衛が駆けつけたとき菅野はすでに数ケ所の手傷をおい、見届の若党も戦線に加わって二人は背中合せになり苦戦に陥入っている。

これにたいし相手は四人、庄左衛門の弟三郎右衛門、同じく弟だが他姓を名乗っている中津川裕見、その上若党一人都合四人である。これは明らかに果合のルールを破っている。しかも相手は血気盛りの若者ばかり、安兵衛はいきなり抜刀し、名乗をあげて斬込んでいった。

ここで戯作者は高田の馬場十八番斬りを作るが、相手は四人だ、どんなに斬りまくっても十八番斬りにはならない。しかし安兵衛は平素鍛えた腕にものをいわせて四人を倒すが、叔父の菅野は深手の負傷で、助からぬことを悟り、安兵衛に介錯させてその場で自刃する。

菅野が生きていれば敵討にはならない、死んだから敵討になった。だが厳密に云えば少々おかしい、これを叔父の敵討とすれば叔父はまだ生きているうちに敵討が行われたことになる。時間にすればほんの短時間だが後にくるべきものが先に来ている。が、こんなことは問題にならなかった。少なくとも江戸の市民は問題にしなかった。越後浪人中山安兵衛が高田の馬場で、その場をやらず叔父さんの敵を討った。敵は四人、いや八人だそうだ、それがだんだん大きくなって十八番斬りの大活躍になった。

これが敵討になるかならぬかの吟味はともかく、この事件は一方が果合いのルールを守らなかったことから拡大した事件である。恐らく安兵衛も戦場に駆けつける以上喧嘩仕度はしていったが、相手が果合いの方則に従って尋常に勝負していたら、彼もまた方則に従って行動したにちがいない。困みに果合いには合意のない助勢は不法とされ、あえて助勢したものは中追放以上の罪に問われたものである。

重敵・戦場の一騎討

重敵というのは又敵《またがたき》のことである。

父が人を殺して敵討にあった。討たれた者の子が討った者を父の敵として討つことはできない。そんなことをしていたら限りがない。

戦場の一騎討も敵討は生じない。徳川時代になると合戦、戦場とは縁遠くなり戦場の一騎討などなくなったが、原則として一騎討して父や兄が殺されても敵討はできない。

本来、敵討にしろ戦場の一騎討にしろ名乗りをあげて斬り結ぶものである。名乗りをあげるということはおたがい合意の上、正々堂々勝敗を決しようぞ！　という宣言である。承知の上で堂々と戦い、武運拙なく敗れて殺されても武士の本望だ。本望をとげたものに敵討の生ずるわけはない。納得ずくで勝敗を決した果合いと同様である。戦場だけでない、武道の雌雄を決する真剣勝負の場合も同じである。しかし名乗をあげて戦っても、敵討で返り討になった場合は違ってくる。その場合はその子や弟は父や兄の遺志を継いで挑戦することができる。

刑死

これはいうまでもないことだが、法によって刑死した場合は敵討の対象にならない。死罪を申渡した裁判官を親の敵と斬りつけたり、直接首を斬った首切役人に復讐を企てたりしてはならない、たとえそんな非常識な者があっても、これは敵討にはならぬ。

ここで赤穂浪士の主君の敵討がいささか問題になってくる。

赤穂浪士の敵討はいうまでもなく播州赤穂の城主、浅野内匠頭長矩、千代田城中で高家吉良上野介義央に刃傷に及び、将軍綱吉の裁決で即日切腹になったので、浅野家々老大石内蔵助を筆頭に遺臣四六人が、吉良邸を襲って上野介を殺し主君の怨みを晴らした事件である。この挙が世間に及ぼした反響は大きく、たちまち敵討の王座に担ぎあげられ、長く武士道の華と称讃された。

が、この事件は敵討としてみるとき幾つも疑問や疑惑が生じてくる。

第一長矩の死は法によって賜ったものである、あるいはその時彼を切腹させたのは将軍の独裁だったかもしれぬ。しかし将軍は法以上だ、法をも支配する法によって殺されたものに敵討は成立しない。よし一歩を譲っても相手は吉良ではない、将軍その人だ。こう推理してくると彼等の快挙を主君の敵討とするには、いろいろ矛盾がある。

彼等は主君の敵討とはいっていない、主君の御無念晴らさんがためといっていると論ずる者もいる。しかしそれは詭辯だ。彼等はたしかに主君の敵討と思っていたし、そう云っている。彼等が吉良邸に持参した口上書に、「内匠頭末期の心底、家来忍び難く仕合に御座候。高家御歴々に対し、家来共鬱憤を挾み候段憚に奉存候へ共、君父の讐共に天を戴かざる儀黙止難く云々」と、ちゃんと認めている。

もっとも吉良上野介がいなかったら松ノ廊下の刃傷も起きなかっただろうし、田村邸の内匠頭切腹もなかったかもしれない、元をただせば上野介だと彼等が考えたのも至極当然のことであるが、これを彼等が主張するように主君の敵討とするなら、敵討の本質から離れた異質の敵討といわねばならない。

敵討と人的関係

『長曽我部元親式目』に「一、敵討之事、親之敵を子、兄之敵を弟打可㆑申、弟之敵を兄打は逆也、叔父甥之敵打事者可爲㆓用㆒事」とある。

親の敵は子が討ち、兄の敵は弟が討つ、弟の敵を兄が討つのは正常ではない、叔父甥の敵を討つ必要はないというのである。これを簡潔にいえば『毛利元就式目』の「目下の仇は討たざるなり」に一致する。

長曽我部も毛利も戦国時代の人物で、こんな掟がその時代にあったことを示しているし、また徳川時代の敵討についての規則といったものも、これら旧来の掟や慣例の影響を大いにうけていることは事実であるが、やっぱり時勢や風潮によってかなり違ってきている。

この時代になると、「祖父母、父母、夫、兄姉、伯叔父、主、師、友人」の敵討は許され、また後半に及ぶと「子、妻、弟」などのいわゆる目下《めした》の敵は討たざることという制約も薄れてくるし、さらに元禄以後に「妻敵討《めがたきうち》」などいう妙なものまで現われる。妻を奪われた間抜けた亭主が姦夫姦婦を討取ることで、あまりぱっとしたものではない。

敵討は人間至情の発露である。いつ仇敵にめぐりあうかわからない。五年、一〇年あるいは生涯、尾羽打枯しの浪々の身で仇を尋ね、諸国を巡り歩かねばならぬとも限らぬ。それでも巡りあえばよいが巡りあうことなく、帰るに帰れず、旅路の果てで野垂死する例も少なくない。よし巡りあったにしても命をかけた勝負だ、必ず勝つとは限らない、返り討になる恐れもある。こんな割の合わぬ仕事はない、伊達や酔狂でできることではない。それを敢てやらねばならぬから、ちっとやそっとの義理や人情ではまにあわない、当然被害者の極く近親者ということになる。父の仇は子が、子の仇は親、兄の仇は弟、弟の仇は兄が討つということになる。

だが「叔父甥の敵討は無用なり」と『長曽我部掟』はいっている。これは叔父甥より遠縁になる者の敵討はしなくてもよいという意味にとれるし、絶対禁止とまでいかないが消極的禁止といってよかろう。これが実行されたかどうかは別として徳川時代もこの気配は多分にある。藩によっては文句なく許したのは親子の間だけで、兄弟関係になると許さなかったこともある。

武士は主従の関係が何より先行する。そのたてまえからすると、近親の敵討のため公的義務をお留守にすることは許されない。松平伊豆守が熊沢蕃山に、主人の使に行く途中で親の敵にあったらどうすべきかと、尋ねたら親の敵を持つ者は奉公など致さないでしょう、と答えた。これと考えあわすればその理由も理解できる。

いま一つ理由として次の事もいえる。伯叔父になると普通子がいるはずである。なにも甥が出張って敵を討たなくても当然討たねばならぬ子がいる、それに討たすればよいという理屈も立つ。

しかし伯叔父に限らず近親者の討たねばならぬ子や兄弟が幼児だったり、独力で討つ可能性がない場合はどうなるか。そのときは近親者がその子や兄弟に助勢して討たせることになる。いわゆる助太刀である、この場合敵討の当事者はあくまで子であり兄弟であって助太刀はあくまで助太刀である。むろん助太刀に出るにも主人の許可が必要である。伊賀越の敵討といえば、まず荒木又右衛門がすぐ表面に飛び出してくるが、彼は敵討の当人ではなくこの助太刀であった。しかしてこれについては後で詳しく述べる。

肉親の敵討だけでなく、主人の敵討、師匠の敵討の場合も同じことがいえる。主人の場合も師匠の場合も子供がいればその子が討つのが順当であり、家来や弟子はあくまで助勢であり助太刀である。

前記赤穂浪士の敵討の場合、浅野内匠頭には大学という舎弟がいる。本来ならこれを正面に立て家来共は助勢ということになるが、大学はこの敵討に全然関与していない、家来共が討っている。一般敵討の常道から離れているが、なんせ大名家の出来事である。一般とちがった複雑な事情もあるだろうし、政治的な配慮も必要だったにちがいなく、一般と同じように論ずることはできない。

敵討お暇願い

父が殺された、加害者は逃走した。子は追取刀をつかんで敵を追いかけるわけにいかん。主君に敵討を届けお暇をもらわねばならん。これは当然のことである。いまでも郷里で親が死んだ場合、勤め人は、勤め先の上役に届けて帰郷の手続をとるのと同じことだ。

昔の武士の服務規定はいまの勤め人の服務とはお話にならないほど厳格であった。許可なしでは一日でも自分の家を明けることができない。許可なくまる一日帰宅しないと出奔者とみなされて取押えられ、取押えらるれば切腹ものである。外出ができるのは非番のときだけで、これでも行先、用件、何時頃はどこにいるとはっきりしておかねばならなかった。武士は生涯二十四時間勤務である。親が殺された場合といえども例外ではなかった。

父親が殺害された場合は口頭でもよい。武士にはそれぞれ職場の支配（直属上役）がいるから、当人がまずその支配に願い出る。支配はそれを老職重臣に進達し、老職重臣の会議に藩主が裁決して許可する。緊急を要する場合は願い捨てでも構わぬ。願い捨てというのは願いを出して許可のおりるのを待たず敵のあとを追いかけることである。別におとがめもなく後で「願之件」のお許しがおりる。こんな場合は夜中でも手続きがすむようになっていた。

が、父以外の場合だとそう簡単にいかぬ。願い出でたら許可のおりるのを待って出発しなくてはならない。父の場合は文句なしに許可されるのが普通だが、その他の場合は許可されぬ場合もあるからである。この場合許可を待たず出発してしまうと出発、脱藩に見なされる。助太刀の場合も同様で老職重臣の会議にかけ、許可する場合もあれば、許可しない場合もある。

許可された場合は目的を達成して帰国するまで休職である。無期休職だ、いつ復職できるか誰にもわからない。運よく半歳ぐらいで敵を討って帰国するかもしれないし、五年、十年運が悪ければ一生敵にめぐりあわず討たずじまいにならぬともしれぬ。この不安定な休職にたいし、藩は休職給（捨扶持）を与えることもあり、与えないこともある。

これは当人の上役からのうけや時勢によってもちがってくる。敵討が大いに珍重がられ世間にやんやと持囃される時など、遺族への扶持ももちろん当人への月々の手当まで支給した藩もある。

が、このように厚遇した藩であっても、普通首尾よく目的を達して帰国したら必ず帰参を叶えるという約束はしない。帰参というのは復職である。敵は討っても見事な討ちぶりもあるし醜い討ちぶりもある。結果を見たうえでなければ確約しない、武士社会のきびしさである。

この「敵討お暇願い」は必ずスムーズにいくかといえば必ずしもそうとは限らない。父親の敵討の場合といえどももたつくことがある。例えば加害者が善人で殺された方が悪だった場合、もっともほんとうの善人だったら相手が如何ほど悪党であっても、闇討にしたり大勢かかって殺したり敵討の条件になるような殺し方はしないだろうが、多くの殺人事件の中には何かのはずみで下手な殺し方をして善人が討たれる方に廻ることもある。こんな場合はどうしても許可がもたつく。また加害者が主君の寵臣であったり、藩の功臣であったりする場合も同じ事がいえる。『明良洪範』という本に次のような話が記されている。

京極若挟守忠高が雲州松江の城主だったころ、家臣多賀孫兵衛が何者かに斬り殺され死骸が塩津川からあがった。元和七年のことである。暫らく下手人はわからなかったが、そのうち同藩の箕浦与四郎、内藤八右衛門の仕業らしいという噂が立ち、忠高は目付に申付けて調べさせると、両人は衆道のもつれから孫兵衛を殺し死骸は塩律川に投げ込んだことを白状した。

殺された孫兵衛には当時十三になる孫左衛門、十一歳の忠太夫という二人の弟がいた。兄弟から敵討願いが藩に出された。藩としては明らかに前記の両人が下手人ということがわかっているし許可しないわけにはいかなかったが、内藤、箕浦家ともに、京極家譜代の旧臣で、代々特別の功労を積んできた忠義の家筋だったので、藩主忠高の内意によって密かに両人を立退かせてしまった。多賀兄弟にとってはまことに冷い殿様の仕打ちであるが、そこは殿様のなされかただからなんともしょうがない。このうえはいつまで待っても敵討お暇の願いが許可になるとも思えないので、彼等も敵のあとを追うて国許を立退いた。許可なく無断で立退くのだから出奔脱藩である。

多賀兄弟はそれから二十一年経った寛永十八年江戸大炊殿橋、いまの神田橋で首尾よく兄の敵討をとげ、これが大炊殿橋の敵討といって当時評判になったが、これなど敵討お暇願いがスムーズにいかなかったいい例である。

御帳づけ

滞りなく藩の敵討お暇願いが許されると、当人は親族朋友に激励されて、敵討の苦難の旅に出発することになるが、この場合藩は当人に敵討免許状などは出さなかったらしい。そのかわり藩から公儀に届けておく。公儀ではこの届書によって評定所の帳面に記録する。これを御帳づけといって、これがすめばいよいよ敵討が公認されたことになる。この場合公儀でももちろん免許状など出さない。御帳は大目付が保管々理する。

天保五年姫路藩主酒井雅楽頭忠守の江戸留守役から、月番老中大久保加賀守忠貞に届け出た届書があるから参考のため掲げておこう。

酒井雅楽頭家来三右衛門実子
　　山本宇兵衛
　　　二十歳

同人娘
　　　りよ
　　　廿三歳

同人家来本多壱岐守家来
　　山本九郎左衛門
　　　四十五歳

右の者父並兄三右衛門儀、去巳十二月廿六日朝六ツ時過金部屋泊番にて罷在候処、小使の者の由にて役所入口へ相越手紙持参致候旨申聞候付手紙請取披見致居候処、後より刀抜き候て切懸候処手負ながら追掛出候内何方へ逃去候や見失ひ、三右衛門儀者深手にて翌廿七日暁相果申候、右死骸検死を請候上取置申候、尤変事の節、表小使亀蔵と申もの表門より逃去候。厳敷尋申候共心当り之者も無之、同右亀蔵と申もの三右衛門相果候上金銀盗取可申心底にての仕業に可有之哉に付、領分は勿論、御府内並何国迄も亀蔵行衛相尋見当次第相糺候上父兄之仇相果度、前文之者共願出候に付承諾見当り次第相糺候上証人を取り打果し、其所の役人へ相断可申旨申渡候、御帳に被付置候様致度、此段以使者申進候　以上

午二月廿六日

酒井雅楽頭家来

加藤苫蔵

御帳づけというのはなにも公儀評定所だけに限っているものではなかった。これは本来一般からの願い、届けなどのうち長官に言上したものを書留めておく帳面で一名言上帳ともいって、公儀では江戸三奉行をはじめ佐渡、長崎などの地方奉行、京都所司代、大阪城代などにもあったし、各藩でもこれと同じようなものを備えていたものだ。

藩はその者の敵討お暇願いを許可すると公儀評定所に届けて御帳づけをしてもらっておく。もっとも国許から直接するのではない。どの藩でも江戸に江戸屋敷があって、藩主が江戸にいなくても留守居役がいるからそれから届けておく。

当人は藩の許しを得ると敵のあとを追って旅立つ。どうも京都にいるらしいときくと京都へ行く、大阪に

いるらしいときくと大阪へ行く。京都でも大阪でもまた江戸でも同じことだが、行先毎にその土地の支配者に届けておく。京都なら所司代、大阪なら城代、江戸なら町奉行なり勘定奉行、どこにも言上帳があるからそれに帳づけしてもらっておく。敵討にはどこでも同情的で厚意をもっているから、これはあとで詳述するが、場所によって禁止された地があるものの、その地の外なら何処でも苦しからず、見つけしだい本望達するようにと、励まして許してやるのが普通だった。

この場合も書付けなどくれない、口頭である。で結局敵討に敵討免状などどこでも出さないのが普通だから、講談や芝居で敵討免状を高々に差上げて、たたき台をたたいたり見得をきったりなどするのは嘘ということになる。が、例外はあったらしい。

播州龍野五万石京極刑部少輔の家来吉見半之丞が兄の敵を探して京都にきたとき、さっそく所司代板倉周防守重宗にこの願を出した。すると所司代は禁裏御構の外は何処でも構わぬ、遠慮なく討ってよろしいという書付を与えたと記したものもあるが、これが事実とすれば珍らしい例である。

三田村鳶魚翁が大正の初め四谷通りの露店で見つけたという、鈴木平次郎が兄の敵を捜し廻るとき、町奉行宛に出した願書をその著に掲げてあるから轉載させてもらおう。

奉願上候事

一、浪人鈴木平次郎申上候、私兄鈴木軍七と申者、水野大炊頭様ニ近習相勤罷在候処、当月三日夜傍輩山岸弥助と申者、子細者不相知、兄軍七を討立退申候、兄敵ニ御座候間、此以後見合次第討留申度奉存候、依之為後日申上置候、

元文二丁巳年六月　　鈴木平次郎印

御奉行様

いま一つ有名な亀山城内で討った石井兄弟の届書が残っているから掲げておこう。

一、浪人石井源蔵申上候、私親石井宇右衛門と申者、青山因幡守殿に知行二百五十石取相勤罷在候処、二十五年以前、摂州大坂にて赤堀源五右衛門と申浪人、父宇右衛門を闇討に仕、其節立退申候、其刻私五歳にて、弟二歳にて罷在候、唯今半蔵と申罷在候、相煩罷在召連不申候、右源五右衛門、父之敵に御座候間、見合次第討申度候、為後日申上候由、右源蔵申来候、

元禄十一年寅十一月十七日

この控書には後に次の始末が書き加えられている。

右之赤堀源五右衛門、名を赤堀水之助と申、板倉周防守方に相勤罷在候処、勢州亀山城内三之曲輪石垣門之下にて、源蔵並半蔵両人にて、五月九日昼討留申候由、

元禄十四年巳年五月二十七日

この添書は目出度く大望を達したので、その由を町奉行所に届出たので書加えたものである。

前記石井兄弟の敵討でもわかるように、敵討は必ず幕府公領にだけ逃げこむとはかぎっていない。他藩私領内に逃げこむことも多い、討つ方は私領であれ公領であれ追いかけて討たねばならない。私領の場合その藩の役所に届出ておくのが妥当であるが、これは公領の奉行所等に届出るほど単純ではなかったらしい。殊に石井兄弟の場合のように相手が他藩に召抱えられているときなど複雑になる。

徳川幕府は慶長十六年と十七年に諸大名に誓詞を出させているが、その中に、「各抱置候侍若為叛逆殺害人之由於レ有聞ハ互に不レ可一相抱二事」という条がある。

これは主人に反抗したり人を殺したりして出奔した者は召抱えてはいけないということであるが、そんな奴に限って狡智にたけている。偽名など使って前歴を偽り自分を売込む。またここでも叛逆者、殺人者必ずしも悪人でないという例外も生きてきて、しかもそれが一芸一能に達しているとすれば、頬かむりして召抱える大名も出てくる。しかもそれが新しい主君に取入って寵愛を得ているような場合など、その男を討ちたいからよろしく頼むという届を出した場合どうなるか。大名なんて我儘者が多い、折角の家臣を他藩の者に討たせたくない気持や妙な意地から、かばいだてしたり妨害したりしないとも限らぬ。事実そうした例は芝居や講談だけでなく実際にもあった。そうなると届出も考えものである。黙って討てば討てるものを届出たばかりに討ちそこねることになる。

亀山城内で敵討をやった石井兄弟もその藩の役所には届出をしていない。恐らく届出ていたら城内で討取るなどの離れ業は出来なかったのだろう。彼等は亀山の家中の下男になって亀山へ忍びこんで討っている。

ところで石井兄弟のようにその藩への手続をしてないで討ったらどうなるか。ここでは場所は問題にするまい、どこでも構わぬ。敵とあって、あるいは追いかけて行って、名乗をあげて斬り結ぶ。素早く討取って役人が来るまえにずらかって国境を越えてしまえばそれですむが、手間取っていると見物人も集まり役人も駆けつけてくる。当人には苦労の末の敵討だが第三者にはわからない。そこで芝居でよくやる「敵討でござる、敵討でござる」の場面になるが、役人にすればそれを鵜呑みにするわけにはいかん、役所へ連行して取調べる。前もってその藩に届出て許可をうけていれば祝辞をもらってその場で放免だが、それがないと届出ている町奉行所なり御帳づけしてもらっている評定所に問合せて貰わねばならない。その間留めおかれることはもちろんである。藩では当人の申立てによって町奉行所なり評定所に問合せ、申立て通りであれば、いかに主公寵愛の家臣が討たれても放免しなくてはならぬ。この場合評定所の御帳づけもなく、奉行所の届出もなかったら、その藩の手限りで処置できるからどんな結果にならぬとも限らぬ。

しかし敵が他藩領内に住んでいても、その藩に召抱などされず、浪人生活などしていたら、届出もそれほど気にすることはなかったようである。

宝暦十三年（一七六三）豊後森の久留嶋家々来佐々木清十郎とその家来中川十内から、奥州六万石、相馬弾正少弼恕親のところに、御領内に住居している浪人佐々木九郎右衛門は父の敵ゆえ討取りたいからという願いが届け出された。相馬家ではさっそく九郎右衛門を召取り、佐々木、中川と対決させると敵であることにまちがいない。大事をとって久留嶋家にも問合せ、幕府の指図を仰いだ。幕府から事実に相違がなければ勝手にしてよろしいと下知があったので、宇田郡中村という所に二十間に十間の矢来をこさえ、五月二十五日、警固の士を出して本懐をとげさせた。こんな厚意を示した藩もある。

以上が手続の大体であるが、この手続を全然ふまないで敵を討つものもいる。その大多数は国許を出発するとき、敵討お暇願いをやらなかったり、やっても許可のおりるのを待たずに発足してしまった連中である。その理由は主人側にあっても勝手にとび出したので出奔、脱藩と見なされる。普通の出奔、脱藩なら追討ちをかけられたり、捕吏が追いかけて捕えたり、捕えらるれば切腹を命ぜられたりするが、敵討だからそこまでには至らないにしても、大体これで主家と絶縁になる。目出度く大望達しても帰参はおろか帰国もできない。もっとも正式にお暇をいただいていても帰参が叶えられるという保証はなく、建前としては帰参は主人の都合次第となっているが、目的を果して帰ってくれれば大体元通り復職できたし、世間の評判になるような見かけのよい討ちかたをすれば藩の名誉をあげたと加増にさえなった。また、まだ敵にめぐりあわないときでも、時どき帰ってきて旅費の工面なども出来たものである。

手続をしておかないと無論こんなことはできない、前記奉行所や他藩における、吟味が簡単にすむことと、合せてこれが手続の効能といえよう。

しかしこうした手続をとるのは武士だけで庶民にはない。これは敵討を公認されているのは武士階級だけで、庶民の敵討は公認されていなかったことによる。これについては庶民の敵討の項で詳述する。

三　場所と現場

御禁止場所

石井兄弟が下男に身をやつし、勢州亀山に潜入して、城内三の曲輪下で目出度く本懐を達したことは前節で述べたが、当時亀山城主は板倉周防守重常であった。重常の曽祖父を勝重といって、徳川家康に仕え、江戸町奉行、京都所司代等に歴任し、徳川幕府創業に尽した功臣であった。その子重宗も長く京都所司代を勤めたが、この父子の京都における施政断訟の要目を記したものに『板倉政要』というのがある。『板倉伊賀守殿掟覚書』ともいっているが、徳川時代の法制を知る好資料になっている。その中に次のような条がある。

一、討二親敵一事、不レ依二洛中洛外一、於二道理至極一者、任二先例一不レ及二沙汰一義也、雖レ然禁裏仙洞ノ御近所、神社佛閣ニテハ可レ有二用捨一、若自分ノ寄二遺恨一、於二左右一號二親ノ敵ト一、不レ經二公儀ノ沙汰一、猥ニ人ヲ令二殺害一者、准二辻斬強盗ノ法一、或ハ同類トモニ可レ行二死罪一事、

ここで必要なのはこの前半である。親の敵討は洛中洛外どこでもやってよいが、禁裏仙洞近く神社仏閣の境内では遠慮しろというのである。

もともと敵討は法的に認めたものではないから、禁止という言葉は使っていないが、実質的には禁止であって、江戸でも江戸曲輪内、東叡、三縁の両山、その他神社、仏閣の境内は禁止区域となり、地方各藩でもこれに准じている。

この禁止区域の指示は、敵でも討とうという者なら示されなくても充分知っていただろうが、藩にお暇願いを出して許可されるときは藩役人から、奉行所に敵討願いを出すときは奉行所役人から、その都度指示される。

禁止場所以外なら何処でもよい

直木三十五の『鍵屋の辻』という小説に次のような文章がある。

七日の明け切らぬ内に荒木はここを立った。これから先は道を選んで場所をこしらえるだけである。隠れているのによく敵の逃げ道のないそして味方に足がかりのいい所を選ばなくてはならぬ。探ね探ねしながら長田川の橋を渡って五町、上野の城下小田町の三ツ辻まできた。上野は藤堂家の領地で、此処には数馬の知人もいる。三ツ辻、俗に鍵屋の辻ともいうが、突当りが石垣で、右角の茶店が万屋喜右衛門、右へ曲ると塔世坂という坂があって町へ入る。左角が鍵屋三右衛門、角を折れると北谷口から城の裏へ出ることが出来る。此処がよい、左右に分れて隠れる事が出来るし、先を曲ってしまえば、後の出来事は判らない。ここで逃げ道を切取って二人が前から懸れば袋の鼠に出来る。武右衛門と孫右衛門は鍵屋の角で隠れて敵の逃げるのを斬るがよい、もし先立って甚左か半兵衛が来たら二人でかかれ。私は最後の奴を斬り捨て下人共を追い散らそう、数馬はただ又五郎一人にかかって余人にふり向くな……云々さすが荒木又右衛門は兵法者だけに場所を選ぶに慎重である。足場のよしあしは勝負に大きく影響する。これは町人の敵討だが、乗合船の中で敵に出あい、前後の分別もなくやにわに斬りかかり、船は転覆し、他の乗客にすっかり迷惑をかけたうえ、折角の敵は取逃したという話もある。

竹矢来内の敵討

敵討で最も晴れやかで豪華な場所は竹矢来の中の敵討である。これにはたいてい警固の武士がつき、桟敷などこさえて、スポンサーの殿様などが近侍を従えて見物する。一種のショーの観さえある。

前記、宝暦十三年五月、奥州中村相馬家領内で行われた豊後森家の家来佐々木清十郎主従の敵討はこの晴れがましい竹矢来の中で行われた記録が残っている。

この敵討のため相馬家では宇田郡中村に二十間に十間の竹矢来をつくり、御目付三人、侍頭三人、徒目付二人、小人目付十二人、足軽五十人を出して警固にあたらせた。

矢来の左右両側に幔幕張りの控所を設け、討つ者討たるる者を控えさせ、太鼓を合図に双方を中央に導いて所定の位置で服装を調べ、水盃をさせて、次の太鼓の合図でかからせるといった念の入りかたであった。このときこの藩の藩主相馬弾正少弼が見物したかどうかは明らかでないが、恐らく斬り結ぶ双方の中央上座には、この藩の重臣か剣術指南役かが床几に腰をおろし、血斗のしだいを検視していたにちがいない。そして双方疲れると足軽に命じて引分けさせ、水など与え休息させ、また斬り結ばせる。なんだか厚意の残酷のようだが、さいわい討つ方が勝って目出度し、めでたしになっている。

このような豪華な敵討は出会頭に討つ場合など到底不可能なことで、領主が肝入りになって討つ場合にできることである。領主が肝入りになって討った敵討は、数多い敵討の中でも極く少数で、三田村鳶魚翁は、前記の敵討の外に『公君金言記』に載っている常州土浦松平家が世話して討った敵討をあげ「只今のところまだこの二つしか見つかっておらぬ」といっている。

芝居や浄瑠璃でひろく世に知られている宮城野信夫（姉みやぎの・妹のぶを）の仙台娘仇討なども、仙台侯の肝入りで、「仙台の内白鳥大明神の社前、宮の叶と申処に矢来を結び、当卯（享保八年）の三月、雙方立合勝負被一仰付二候」（一話一言）となっており、竹矢来の内で華々しく敵討をやったことになっているが、脚色された芝居浄瑠璃はむろんのこと、その種本となったものまで、鳶魚翁は作りものと断じ一顧もくれていない。

江戸市内の敵討

巻末の〈江戸時代敵討表〉は平出鏗二郎氏著『敵討』を参照して作成したものであるが、全件数一一四件を江戸表と地方にふり分けてみると、江戸表二七件地方七九件となり、その比率は断然江戸表が大きい。ということは全国各地で人を殺害したものが江戸へ流れこんでいたことを意味し、それだけ江戸は脛に傷もつ者に住みよかったことを物語っている。敵を尋ねて江戸にくる討手は、まず奉行所へ出頭して届出を出す。必ず届けねばならぬという義務はない。届けておけばあとで取調べをうける際、便利だからである。用心深い者は町奉行、勘定奉行、双方に届け出ておいた者もいる。奉行所では御禁止場所を示し、この場所以外なら勝手次第に討つようにという励ましの言葉を与えて許し、届けは記録して御用箱に入れて保管しておく。

手続を終えた討手は――手続をしないいも者も同様だが――いわゆる江戸八百町を探しまわる。半歳で捜し出す者もあれば三年もかかるものもある。とうとう捜し出せないもの、数年かかってようやく敵はもう江戸にいないことがわかるもの……種々雑多であるが、幸運にも巡りあったらその場で名乗りあげて斬りかかるか、はやる心を押えて暫らくつけねらい、じぶんに一番有利な時と場所を選び決行するか、それは自分の気持次第である。

この敵討年表から江戸の敵討を拾って、その場所を調べてみると、橋の袂で待伏せたもの、お寺や神社の門前で名乗りをあげて斬りかかったもの、出合い頭の街路上で斬り結んだもの、思い思いである。いうなら江戸は御禁止場所以外はどこでも敵討の場所になっていたといえる。

路上で斬り合いがはじまった。通行人が足をとめて遠い輪をつくる。いまなら交番からお巡りさんが駆けつけてくる。当時も同様で役人が駆けつける。この現場が町方市街地なら自身番の者、武家地なら辻番所見廻りの者であった。町方市街地は町奉行の支配であり、武家地なら御目付支配である。自身番は町奉行、辻番所は御目付管轄である。が、どちらもその処置は同じようなものであるが、鳶魚翁はその著に一つは『老翁見聞実記』から、一つは『異扱便覧』からその場合の処置ぶりを抄出していられるから、それを拝借して掲げておこう。

『老翁見聞実記』——自身番の場合——

注を先に入れておこう。これは元文五年三月、備中松山板倉相模守勝澄の浪人矢内武平治兄弟が、江戸築地南小田原町二丁目明石橋通りで、母の敵杉山嘉右衛門を討ったときの自身番の処置である。

町中騒動し、名主作左衛門竝月行事（自身番主幹）杯出合ければ、敵討の子細、當時の住所等申聞ける故、早速船松町一丁目の伊右衛門（兄弟が借家していた家主）へも知らせ、町奉行月番水野備前守へ訴える故、程なく検使來り改相濟み、兩人敵討の儀、公儀御帳面付き候趣の旨、尋ねらるるに付、元文四年の夏中、松波筑波守殿番所に相願候處、板倉屋敷出発、一類にても罷出でず候ては成り難き由にて御取上無之、其後石河土佐守殿へ相願候處、嘉右衛門母と一所に成候へば（兄弟の父武左衛門没後母は妹を連れて嘉右衛門に再婚したが、虐待に甚えず逃げ歸り、離縁するから一應戻れと云われ、立戻ってまもなく惨殺された）繼父にて無之哉と御尋に付、嘉右衛門儀他名にて（入夫でない）候段申上候處、然らば尤の義也、併一類同道無之にては、御帳面には附け難き由、御申に付、一類共仕官に候へば、御召出御吟味可被下旨申上候處、其儀は難成に付、重ねて一類共同道にて相願候樣仰渡され候處、其後何角延引仕、相願不申と答へける故、兩人口上、家主伊右衛門其外同行の六部（敵嘉右衛門は六十六部、回國者になっていて、同道の六部三人あり）口書等相認、翌七日五時御番所へ罷出べき段、町役人共他へも申渡し、検使被歸、さて翌七日に及び、兄弟をば乘物にのせ、其他一同罷出候處、白洲へ被召出、銘々口上、御聞之上、兄は足輕體の出立、弟は一腰にて町人體の出立は、如何ぞと尋ねらる。兄弟申候は、兄儀は小身者にて、去春より入用多く困窮仕候故、素服の體に罷在、弟儀は店借主に候故、兩腰は遠慮いたし、且又兄供の體に仕候故、一腰にて罷越候、尤懐劍は所持罷在候由申上候。首尾よく敵討候段、神妙に有之、未だ御尋の儀も有之に付、揚屋（武士牢）へ遺はさるる段仰せられ、六部共（嘉右衛門と同行の）は八丁堀の當宿へ御預け、嘉右衛門死骸は桶に入れ、エビ屋（餅屋でこの店の前で討った）の家主に御預け也。同九日、掛の者共殘らず召出され、兄弟の者共數日心を碎き、親の敵討候段神妙に被思召候、御帳に付不申候へ共、兩度迄御訴申上候事紛れ無間候、御帳に付候も同前に付、向後構無之候、尤何れなりとも仕官いたし候はば、其節御訴可申上旨被仰渡之、家主伊右衛門へ御引渡なされ、又六部三人も御構無之、町役人へは嘉右衛門死骸取片付申渡され、一件相済ける。

この見聞実記は敵討現場における役人の処置だけでなく敵討に関する多くのことを教えてくれる。御帳づけが如何に必要であるかということ、御帳づけをしないで行く先々でその土地の支配役に許可願を出しても、親類同道でなくては取上げなかったことなど知らしているが、ことに興味深いのは敵討を芝居や演劇で知っている現代の者に、実際は討っても討たるるとも如何に惨めなものであったかを想像させることである。余談であるがこの敵討は『元文曽我』といって草双紙になっている。

『異扱便覧』——辻番所の場合——

一口に江戸といっても町家のある市街地と、旗本屋敷や諸大名の江戸藩邸などの武家屋敷地の割合は四分六分で武家の方がずっと多い。一説では武家地は市街地の三倍だったとさえいわれる。

しかし武家地といっても市街地から孤立し隔絶しているわけではない。武家屋敷の前の道路は町方市街地に通じているし、その道路は武士も通れば町人も通るし乞食も通れば泥棒も通る。町方なら自身番で警固するが、武家地だから権限外だ。自身番にかわるものが辻番である。一区画も二区画も一人で独占しているような大邸宅、大名や高級旗本の屋敷だが、そんなところでは屋敷に沿うた道路に自分持の辻番を設ける。番人は自分の家来だ、こんな自前の辻番を幾つも持っている大名もいる。これを一手持の辻番といって辻番の前には台提灯を据えつけてある。

それほど広くない屋敷なら近所隣りで組合を作って辻番を持つ。これを組合辻番といって高張提灯である。

こんな連中は家来も多くいないから他から番人を雇入れる。もちろん番人は町人で、そのうち辻番請負という職業も現われた。どの辻番も昼間三人、夜間は五人詰める、経費は石高割であった。職務は捨子や酔っぱらいの始末から行倒れ、縊首の処置、喧嘩、敵討の処置など相当あった。

辻番所廻り場内にて、喧嘩敵討有之時、番人早速出合、随分取分け見可申候、然りといへども、相互に存詰候上は、取分け難きも可有之候間、早速足軽まし番を出し、取り固め、勝ち候ものを立のかせ不申様、引分け別の所へ入置、手負候ものは、早々醫者外科等を受け療治肝要に候、歴々と見請、見分も見ぐるしき様子候はば、衣服きかへ候儀も可有之候、但しかようの節は、手負を辻番所へ入置、附添のものをば、裏門又は明長屋へ入置、手當いたし、早速向寄御目付中様へ御届可申候、たとへ雙方死候とも、一ツ所には置申間敷候事、深手にて其場動かしがたき體に候はば、其侭差置療治可致候、即死に候はば、其場に差置、死人恰好次第にて、毛氈或は風呂敷ゴザようのものを掛置可申候、但死人、手負とも委細相改、膚を見分用捨可有之候、懐中の品巾着等、内を見分有之間敷候、尤檢使衆へ早速立合封印仕候間、内の儀存知不申段可相斷候、其場所に差置候はば、葭簀圍い板屛風等手當可有之候。

これには事後の吟味は述べていないが、前記自身番のときと同様で、ただ異るところは自身番は町奉行、辻番は御目付吟味になることだけである。

敵討の場合の辻番の処置について左の実例を参考までに記しておく、

天保六年七月十三日丑三つ（午前二時）神田橋御門外の組合辻番へ敵討の届出があった。辻番で事の次第を訊ねると、山本りよという武家の娘が父と兄の敵下僕の亀蔵を討った事件で、辻番は直ちに頭取、年番、月番の組合屋敷へ回報する（組合辻番は若干の武家屋敷が組合になって設けている辻番で、組合の一番大身者が頭取になり他は順番で年番、月番に当った）。辻番からの急報により頭取屋敷からは本多伊予守（伊勢神戸一万五千石領主）の家来吉田甚五右衛門、年番屋敷から遠藤但馬守家来山本頼母、月番の鵜殿吉之丞の家来玉木勝三郎が出会して、一応討人の山本りよ、助勢の九郎左衛門、文吉を訊問し、西丸へ届出でた。

なお地方すなわち他領での敵討については、すでに述べた亀山の敵討、伊賀越の敵討などで想像して頂けば充分だから略する。

四　討てない敵

上意討や親の手討などで殺されても敵討は成立しなかった。が、敵討は完全に成立していながら討てない場合、討ってならない場合がある。結論からいえば法によって裁かれている者、すなわち審理中の者、いま一つは裁決されてはいるが、刑の執行前のもの、もしくは執行中のものである。分り易くいえば敵が余罪で捕えられ裁判にかけられているもの、すでに判決は下ったがまだ獄にくだっていないもの、乃至処刑執行中のものである。いうなら余罪で死刑に決まり、刑場に引かれて行く途中を襲ったり奪ったりして敵を討つことはできないのである。

敵が他の犯罪で死罪に決る。そこに敵討願いが出る、そんな場合どうなるか、これは明治になってからの事例であるが、参考になるから掲げてみよう。

『憲法類編十九』復讐願出有レ之罪人行刑ノ節太刀取許サルルノ事

第百十三戊辰明治元年九月　日吉四郎へ御沙汰　其方事、先般父吉井顯藏復讐之儀願出有レ之候處、右ハ於二常典一難二相濟一候得共、孝子之情難二黙止一被レ為二思食一、罪人小原彦藏、小田新兵衛、武州鈴ヶ森

ニ於テ斬首候條、太刀取可レ致御沙汰候事。

これは鈴ヶ森で斬首になる敵の首切り役を許された例である。

それでは死罪でなく遠島になった場合はどうか。じぶんもその島へ渡って討取ってよいか、また御赦免になって帰ってきた場合など出てくるが、残念ながらそうした場合を規定するものも実例も見当らない。

中国ではこれに関連する文献がある。前にも記した『周礼』朝士の条だが、「其人反り来って郷里に還る。報ぜんと欲する之時先づ士に書す、士は即ち朝士、然る後之を殺さば罪無し」である。

これを我が国の遠島にあてはめると、御赦免になって国許に帰ってきたとき、敵討をしたいと思うなら、先ず公儀に願出て、しかる後討てば罪にならないというのである。

結局これは国法優先、敵討は願出で主義で、願い出て許されて討って罪にならないことは当然のことであるが、この精神はわが国の敵討にも常に生きていたし、国法も敵討には理解と厚意を示しているので、討てない敵でも願い出れば前記した明治元年の事例のような融通を利かしてくれただろうと想像される。

五　妻敵討

お話にならない敵討

妻の敵を討つというなら話もわかる。だが妻敵討というのはそんなものではない。妻が他の男と密通したので姦婦姦夫を打果すことである。こんなまの抜けた話はない。

三田村鳶魚翁によれば敵討は本来まの抜けた原因から起るといっている。堂々と名乗りをあげて戦ったものは殺しても殺されても敵討にはならない。闇討を討ったり、大勢で一人を殺したり、不意を衝かれて殺されたり、そうした不慮の殺害事件にだけ敵討は成立する。むろん闇討をしたり、大勢かかって一人を殺したり、不意を襲ったりする奴は悪い。だが、そんな目にあう者も結局油断があったからである。武士が外に出れば七人の敵があると教える。実際そんなことはないにしてもその気持で常に気持を緊張していろというのである。緊張し心に隙がなければ闇討を喰ったり、不意を衝かれたりして、あえない最後はとげない。敵討の発端となるのは煎じつめると武士の最も戒しむべき油断、不覚から生ずるものだから、そこから発展した敵討が晴れがましいものであるはずはないというのだ。なるほど一理ある。

だがこの敵討非名誉論は三田村翁が最初ではない。早い時期では徳川家康もそれらしいことをいっている。

　若き者芸能心得候へ、父の敵、兄の敵、など申す者を討候は武辺名聞にて之なく候間、女を頼み候ても討申すが肝要なり……

これだけでは、なぜ敵討が武辺名聞でないかわからないが、いずれにしても家康は敵討をそれほど誉れ高い武士の名誉ある行為とは考えていなかったことは明らかである。

不倶戴天の君父の敵討さえこうした見方もある。まして間男成敗の妻敵討が人間至情の発露、武士道の精華というのはおかしい。人間至情の発露ではあっても武士道の精華とはどうしても受けとり難い。が、この受け取り難い妻敵討が、徳川後半期になると臆面もなく敵討に仲間入りして、芝居や浮世草子になり市井の大歓迎をうける。いかに敵討が本来の軌道から外れて風俗化したかを示している。

鑓の権三重帷子

有名な近松三姦通戯曲中の最も勝れた作品である。

享保二年七月十五日の晩、大阪高麗橋で起った妻敵討を脚色したもので、その年の八月二十二日から竹本座で上場した。今日まで歌舞伎で人気を博している作だから簡単に筋書を掲げ後述する実説と比較してもらおう。

雲州（島根県）松江松平出羽守の茶道師範浅香市之進が江戸詰で留守中、表小姓の笹野権三は若殿御祝言振舞の際「真の台子」の茶の湯を勤めたいため、市之進の妻おさひにその伝授を懇願する。この権三が、「槍の権三は伊達者で御座る、油壷から出たよないい男、しんとろ、とろりと見惚れる男……」と、近松は名文句で唄いあげるよい男、年は二十五歳に作っている。

相手のおさひは今年三十七、すでに三人の子持だが、「さすが茶人の妻、物数寄もよく、気も伊達に、三人の子の親でも、華奢骨細の生れ付き風しのばしく、ゆかしくの、三十七とは見えざりし……」と、油ぎった大年増の滴るような色気をたたえているが、この女の最大の欠点は、猜疑心が強く嫉妬に燃えるとカッとなり狂態を演ずる性癖であった。

かねて厚意を抱いている権三から奥義伝授を懇願された彼女は、秘伝々授は一子相伝、他人に伝授するわけにはいかない。しかし長女のお菊と婚約してもらえば子も同然、江戸にいる夫市之進もよろこぶにちがいない。秘蔵の絵図、巻物をお見せして伝授いたしましょうという。お菊はまだ十三、どちらかといえば男より、まだお人形と遊びたい小娘であった。

権三は伝授うけたい一心と、将来お菊と夫婦になることも満更でもなし、よろこんで承知する。それでは今夜の数寄屋で台子の伝授の書、印可の巻物渡しましょうと、約束して一先ず権三を帰す。

おさひは三十七の大年増、熟しきった肉体で、しかも主人と離れて、やり場のない情炎に身もだえしていたにはちがいないが、近松はこの時点まで、いや切端つまった最後の時点まで、権三に対してみだらな情念は抱かせていない。

そしてそれがこの姦通劇をより深刻なものにしている。

権三が帰りおさひが奥へ去った後に、おさひに横恋慕している川面伴之丞の妹お雪の乳母がきて、お菊の乳母にお雪と権三が二世を契った仲になっているから、おさひに仲人役を頼みたいという。お菊の乳母はけんもほろろに追い帰し、その由をおさひに告げる。性来猜疑心の強いおさひだ。カッとなるが、じぶんの性格をよく知っている彼女はその激情を自制する。

約束の時刻たがわず権三は数寄屋にあらわれた。内心穏かでないおさひ、しかしそれでも約束の伝授の箱を取り出して、「これは絵図の巻物、祝言元服出陣の台子。これは御簾の中の茶の湯の図。誠の真の台子とはこの行幸の台子の図、三幅対三つ具足壷飾りの品々、印可の巻、許しの巻、これを読めば口伝いらず、心静かにお読みなされませ」権三はそれらの品を押し頂き繰返しくりかえし読みはじめる。あたりはしんと鎮まって、蛙の声も更け渡る——である。

このときおさひに横恋慕の川面伴之丞が四斗入の空樽を下人波介に背負わせて、この屋敷の塀の外に忍びよってくる。伴之丞の目的はいうまでもないが、「ヤイ波介、内はよう寝たぞ。おさひが部屋に忍びこみ、口説きおうせ積る念を晴し、色の上にてたらしこみ、真の台子伝授の巻物してやり、権三めにうっそりさしょう……」色と慾とライバル意識だ。

「もし人が起き合うても女小者、口へ砂でも頬張らせ、息骨をあげさすな、それ鏡突抜け……」

空樽の鏡を踏みつけて抜くと底もすっかり抜けていて、それを枳穀垣（からたち垣）に突きこんで桶の中を這って邸内にまんまと忍びこむ。空樽など持ってきて、観客に、何をするだろうと思わせ、トンネル代りに使わせるなど芸は細い。なるほどこの作は近松最も円熟した六十五歳、晩年の作だ。

数寄屋の内で伝授の巻物を一心に読んでいた権三は、外に忍んだ人の気配に気づき、そわそわと落着かない。はては、「どうでも誰ぞいるような」と、刀をとって立ち上るのに、おさひは、

「三方は高塀北は茨垣、犬猫も潜らぬに人の来る筈はない。独りしての気使い、さてはお前と私、こうしているのを妬む女子がござんすか……」

と、性来の妬情を勃発させ、昼間きいた権三とお雪の仲をさんざん愚痴りだし、権三の弁明もきかばこそ、

「女の身のはかなさは、表面ばかりに目がくれて、胸の中は知らなんだ……」

それまでこらえていた堪忍袋の緒もふっつり切らし、権三の帯に瞋恚の目をやって、「これ見よがしのその帯は、定紋の三つ引と裏菊と、小じたゝるい引ん並べ、誰が縫うた、誰が縫うた」と、武者振りつき帯に手をかけ、泣くやら喚くやらの半狂乱になる。そのうち権三の帯を引き解いて、「エ、嫌らし、手が穢れた」と、手繰って庭に投げ捨てる。まさに謡フシ通り「思いの闇ぞ詮方なき」であった。

帯を捨てられて権三も困った。仕方なく拾いに行こうとすると、「あ、〳〵帯に名残り惜しいか、不承ながらこの帯なされ」と、おさひはじぶんの帯を解いて投げだす。うまく二人とも帯を解かせたものである。

あまりといえばあまりにも非常識な年増女の狂乱に、さすがの色男権三もムッとして、「二重廻りの女帯、致したことはござらぬ」と、これも庭に放り投げる。

庭に忍んでいた伴之丞には思いもよらぬ天与の幸運、二人の帯を拾って高々と、「市之進女房、笹野権三不義の密通、数寄屋の床入、二人の帯が証拠、岩木忠太兵衛に知らせん」

と、いい捨てて闇に消える。岩木忠太兵衛というのはおさひの父親で、市之進の留守中留守宅を後見している。

これにはさすがおさひの燃えさかった狂乱の火も一時に消え、権三も青くなり追取刀で「南無三宝、伴之丞弓矢八幡のがさじ！」と障子を蹴破り飛びだし、遁げおくれてマゴマゴしている波介を斬り殺してしまう。権三もうろたえていたのだ。が、いかに狼敗していたといえ当の伴之丞を遁がし、波介を殺してしまっては生きてはいられない。

返す刀をじぶんの小脇に突立て自刃しようとするのにおさひはとりすがって、

「不義は伴之丞、身に曇ないお前が、なんの誤り死のうとは……」

と、止める。権三は、

「あゝ愚かな、二人が帯を証拠に取られ、寝乱髪のこの態、誰になんと言訳せん。もう侍が廃った、此方も人畜の身となった、如何なる仏罰三宝の、冥加には尽き果てた、あさましきこの身の成りゆき……」

と、二人は嘆く。この嘆きの果てにおさひが、

「是非もない、もはや二人は生きても死んでも廃った身、東にござる市之進殿、女房を盗まれたと後指さされては、御奉公はおろか、人に顔も合わされまい。とても死ぬべき命なら、只今二人が間男という不義者になりきめて、市之進に討売れ、男の一分を立てて進ぜて下され……」

と、頼む。どうせ生ぎていられない二人だから、いっそほんとうの不義者になって、市之進に討たれてやってくれ、そしたら市之進も男の一分が立って、世間に顔向けも出来るからというのだ。夫への愛情からか、年下の男への未練からか、ま、どっちにしても世智にたけた年増女の勘定高さがいささか気になるが、そこは老練な近松のことだ、次の科白のやりとりできれいさっぱりさせてくれる。

「いや、不義者にならず、このまま討たれても、市之進殿の一分を立て、死後にわれわれ曇りない名を雪げば、

二人ともに一分たつ。いかにしても間男に成り極るは口惜しい」

理路整然だ。しかしおさひは、

「なれど後でわれわれの名を清めては、市之進は女敵を討誤り、二度の恥というもの。不承ながら今ここで女房じゃ夫じゃと一言いうて下され、思わぬ難に名を流し、命を果すおまえも、いとしいはいとしいが、三人の子をなした、廿年の馴染にはわしゃ換えられぬ……」

と、わっとばかりに泣き崩れる。

どうやら近松は夫への真情を強調して観客の涙をしぼろうとする魂膽である。

これには権三も鉛の熱湯を呑む苦患に苦しむが、

「こう成り下がった武運のつき、是非もない」

と、諦めて、女のいう通りになり、ここで不義密通が成立する。

大体以上が上巻で、この切の場数寄屋の段が最も名高い。泣かせもするし、くすぐりもする。下巻はおさひ権三恋道行からはじまり、三十七の女と二十五の男がただれた愛慾に身を焦がしながら諸方を流浪する。帰国した市之進は直ちに岩木忠太兵衛の家を訪ね別れの盃を交し、妻敵討の旅に上り、ついに伏見京橋の上で二人を討果すという筋になっている。


ところで実説だが、実説は至極簡単である。芝居や浄瑠璃のように面白くも美しくもない。

『月堂見聞集』の享保二年の条に次のような記事がある。
一、七月十七日夜五つ時分（午後八時）大阪高麗橋にて妻敵討有レ之、雙方雲州松平出羽守御家中

妻敵　近習中小姓　池田文次　年二十四歳
女　正井宗昧妻　とよ　年三十六歳
實夫　茶道役　正井宗昧　年四十八歳
　とよ親　小林幸左衛門
　幸左衛門子　同弥市郎　年三十四歳
宗昧子三人　姉　くめ　年十三歳
　弟　鉄太郎　年十一歳
　妹　よそ　年八歳

右は文次とよ兩人、六月八日に國許を駈落仕候而、同二十三日に大阪へ着、宗昧は六月二十七日江戸發足、七月十三日に大阪御奉行所に相斷り、同十七日討〆之、小林弥市郎儀兩人之非道を怒り、宗昧をすすめて大阪へ同道仕、文次旅宿を尋出し、兩人をそびき欺き、方人顔して宗昧等ねらう由を申し、今夜中に大阪をひらき、京都へもかれ可〆申歟と諌む。兩人實と心得、高麗橋迄出る處を宗昧待ちかけ討〆之。文次が衣類は越後ちぢみの帷子染紋あり、紫縮緬の帶、疵は大小十二ヶ所、とよ衣類は、絹ちぢみ帷子黒繪萩の模様、上帶黒繻子、下帶白縮緬、疵一ヶ所けさ斬り、宗昧は足に一ヶ所疵なり、是は文次が止めを刺し候時に下よりなぐり候疵の由、弥市郎儀は兼て助太刀不叶故に、兩人相果候を見て、直に國許へ歸り候。鐵太郎は朋輩の玉井紹知預置、姉妹は祖父の小林幸左衛門預り。

この事件は前記『鑓の権三重帷子』の外に『女敵高麗茶碗』『雲州松江の鱸』『乱脛三本鑓』等と題して浮世草子にもなっている。

妻敵討の型

享保二年に起った前記大阪高麗橋の妻敵討は、留守中に妻が密通し、姦夫と手を携えて出奔したのを、尋ね出して討っているし、江戸を発つとき主君に敵討のためのお暇願を出したかは明らかでないが、現場大阪では前もって町奉行に届出しているから、敵討の普通の型をその通り踏んでいるが、本来この妻敵討は普通の「死に報ずるに死を以てする」の敵討とは本質的に異ったものであるから、敵討の様相も敵討という常識から離れたものが多い。

「重ねておいて四つ斬りにする」という言葉がある。密通の現場を押え、その場で姦婦姦夫を打果すことであるが、これなど妻敵討というにはなんだかふさわしくないし、不義者成敗といった方がぴったりする。しかしこの重ねておいての四つ斬りも広い意味では妻敵討であろう。

また姦婦姦夫を別に打果した例も多い。

これは宝永三年六月、京都であった妻敵討であるが、因州鳥取の藩士——といってもお台所方で低い身分の武士だが——中山伝左衛門という者が江戸詰めのとき、妻タネが養子文六の鼓の師匠である宮地源右衛門と不義をした。伝左衛門はべつにそれが江戸まできこえたため帰国したわけではないが、帰国してみるとこの評判が高い。捨ておけることではないし、妻を窮命すると、事実噂通りだと白状したので、その場で刺殺し、宮地のところに馳せつけたが、宮地はすでに逐電したあと。そこで組頭に書面でお暇願を出し、出し捨てにして宮地の後を追うて京都へ赴き、下立売堀川に住んでいることが判明したのでその年の六月七日踏みこんで討取った。

これも『月堂見聞集』に出ているが、その年の八月には早くも錦文流の浮世草子『熊谷女編笠』となり翌年宝永四年二月には近松が『堀江川波鼓』という外題で書き竹本座で上場している。

これなど姦婦姦夫を重ねもせず、並べもせず別々に討った例である。

その他じぶんで手を下さず家来に討たせた例、他人に頼んで討った例などあるが、こうなると敵討の常識から遠く離脱してくる。しかしこれに関しては後でまた取上げることになろう。

妻敵討は武士の本意ではない

徳川家康は敵討など決して晴れがましいものではないといった。敵討は不慮の死という武士の不覚から生ずる現象だからである。妻敵討が世間に姿を現わしたのは、徳川の中期以後だから家康のころまではなかった。実際にはあったかもしれないが、敵討として世間の耳目をあつめるようなことはなかったのである。これがそのころ家康の前に現われていたら、おそらく家康は顔しかめて唾棄していたのかもしれない。

しかし考えてみると、なるほど殺害されたものは、油断から生じた不覚の死でその点責められるにしても、その子なり弟なりすなわち敵を討とうとする者にまでその責任が及ぶとは考えられない。とすると討人には純粋な人間至情の発露からの行為で、晴れがましくはないにしても推賞に価する行為である。ここを世間はよくわきまえていて、限りない賞讃と栄誉をおくった。しかし敵討という名で呼ばれても妻敵討になると、そのままそっくり普通の敵討と同一視し評価するわけにはいかない。

妻敵討がその根本において如何にまのぬけたお話にならないものから生ずるものであるかということは、前に触れた。これは油断して不慮の死をとげたという程度の不覚ではない。妻が他の男と密通して駆落したなんて、亭主の顔に泥を塗ったぐらいのものではない。先祖代々からの家名に泥を塗ったことになる。当然生かしてはおけないことであるが、これを打果すことを敵討の部に入れれば、徳川家康の「敵討は本来晴れがましいものではない」という言葉が果然生彩を放ってくる。

妻敵討が討っても決して名誉でない、むしろ恥の上塗みたいなものであることは、妻に逃げられたり、他の男に奪われたりするような間抜けた男にもよくわかっていた。が、討たねば世間が許さないし、さらに大きな恥辱をうけねばならぬし、間抜けていても武士である以上武士の一分も立たない、討たぬわけにはいかなかった。ここに妻敵討の深刻さがあったというべきであろう。

松平伊豆守信綱が知合の浪人を伊達家に推挙するとき、この者は家柄もさほどでもなく、芸といっても特に申上げるようなものは持っていませんが、妻敵討のお暇を願出るような者ではありませんといい、板倉周防守重宗が自分の子は姦夫の首を斬るほどたわけたものではないといったという話は有名だが、しかし信綱推挙の浪人といい、重宗の自慢の息子といい、妻敵討をやらねばならぬ境遇に陥入った場合は、恐らく推挙人や父の言葉を裏切って討つに相違ない。それは信綱も重宗も充分承知の上でいった言葉で、彼等のこの言葉の真意は、妻敵討をやらなければならぬような事態を招くほど不覚者ではございませぬ！　という意味に受取るべきであろう。

両国橋の辺に住める士、年若き妻ありしが或時草履取りの下僕、艶書をわらわに送り侍りぬ。驚きて告げ申すと云いしかば、用心せられよと答えて、二三日過ぎて牛島の辺へ往きて、供の草履取の下男下僕に、今夜四ツ時（午後一〇時）ごろ来るべしと云いつけて帰しぬ。さてその身は先を早く立ちて、石原の辺の藪かげに待ち居、草履取の下僕が来るを切殺し、宿所に帰り、下僕は何とて迎に来らざるにや、やや久しく待ち居りしが、あまり遅き故帰りしというに、みな〳〵暮過出せしが、いかにして参らざるにやと不審しあへり。さらば夜道にて変のあるべきも知らず、吟味すべしとて、残り居ける下男に、提灯とぼさせ、本の道を尋ねやりしに、石原辺に切倒して有るよし告げければ、法の如くして事済みぬ。三十日ばかりして妻を離別しける。久しくして後入魂の友に事の由を語り、あらはに僉議しぬれば、咎もなき妻のうわさを洩らし、且つ我名も立ち申すゆえ、右の如くにせしなり。妻にあやまちなけれども、かねて柔弱にて、左様にたやすく思わるるは、一生附添いがたき故帰したり、と語りしと、余が弱年の時、過ぎし事とて人の語りし」（窓のすさみ）

禍は未然に防げである。咎あやまちない妻を離別するのはかわいそうであるが、妻敵討をやらねばならぬ境遇になる恐れがあれば、少々の非道も止むを得ない。世人もこれを過ぎしこと―賢明なことだと評している。が、不幸にして妻敵討をやらねばならぬ立場になった場合を、最もきびしい武士道書とされている『葉隠』の中から拾ってみよう。

何某密夫を切り候事、何某何方へ参り、夜更罷帰り候処、何方の者忍入り、女房と密通仕り候を見合はせ、密夫を切伏せ申候、さ候て壁を破り、米一俵立てかけ置き、筋々へ盗人を切留め候由申出て、見分の上別条なく相済み申し候。程過ぎ候てより、女房に暇差出し、始終仕果せ申候。

何某女房を切殺し候事、何某何方より帰り候処、女房と家来と寝間に密通仕り候を見合はせ候に付て、座の方へ参り候へば、家来は台所へ逃し申し候。その時寝間に入り、女房を切殺し、下女を呼び、此の旨申聞かせ、「子供の恥になる事に候故、病死に取成すべく候間、随分働き申すべく候、若し難渋申し候はば、重罪の事に候間、即ち斬捨て申すべし」と申し候に付て、「命御助け下され候はば、随分相知れざるように働き申すべし」と申し候て取り仕舞い、夜着を着せ申候。さ候て、医師の所へ急病の由二三度人を遣わし候上にて、「埒明き候間御出でに及ばず」と留め使を遣わし、女房の伯父を呼寄せ、右の段申聞かせ候に付納得致し、始終病死に仕成し、終に相知れ申さず候。後日に右の家来に暇差出し候由。

前者は密夫を斬って米盗人につくろい、後者は妻を斬って病死に作為し、極力真相の外に洩れるのを防いでいる。

端的で遮二無二で率直を信条とする葉隠武士でさえかくの如しである。他は推して知るべしで、いかに彼等がこの問題を嫌悪したか想像に難くない。それというのも家名を重んずる精神から出でたもので、『本朝諸士百家記』に「もののふの密夫沙汰、つよく僉義せぬ事にや」とあるのも宜なるかなである。

前記高麗橋の正井宗味、堀川妻敵討の中山伝左衛門など、事情止むなく討たねばならぬ破目に陥り、正当な手続も一応すまして首尾よく討果したが、帰参が許されたという記録もない。妻敵討は敵討の中でも最も割のあわない敵討であった。

しかしこの武士の嫌がる妻敵討も、庶民の間に流行して人気を博するが、それについては〈庶民の敵討〉で詳述しよう。

六　苦難の旅

敵は早く討つが肝要

ここでもう一度徳川家康の言葉を引用しよう。彼は敵討など本来晴れがましいものでないといい、その言葉につづけて次のようにいっている。

だから……女を頼み候ても討申が肝要なり、六郎五郎が父も自身討申すべく存じて、時節おくれ、竟に討損じ申候、これ若気にて悪しき心得に候、君父兄の敵を一力にて討候ても手柄と申義にてもなし、頼みて討ちてもおくれと申にてもこれなく候。只早く討つが肝要にて候、これを能く合点仕候へ……

この家康の言葉は後世の作り物ともいわれるがその真偽はともかく、ここでいっていることは、敵討はもともと晴れがましいものでないから、女子供を頼んで討っても恥かしくはない。六郎五郎の父親がじぶんで兄の敵を討とうと思ってぐずぐずしている間に敵は病死して討たずじまいになってしまった。これは若気の不心得から生じた失敗で、君父兄の敵をじぶん一人で討ったからといって手柄にならぬし、人に頼んで討っても恥にはならない。大事なことはただ早く討つことである——という教訓である（鳩巣小話）

手柄になるかならぬか、恥になるかならぬかは別として、一刻一日も早く討って重荷をおろしたいのは教訓を待つまでもない。が、これに関する討人のいいぶんは後まわしにして、いま一つ同じような教訓というより敵討の心得といったものが『葉隠』に出ているから読んでもらおう。

何某、喧嘩打返しをせぬ故恥になりたり。打返しの仕様は、踏み懸けて切殺さるる迄なり、これにて恥にならぬなり。仕果すべしと思う故、間に合はず。向うは大勢なりなどと云いて時を移し、しまり（結局）止めになる相談に極るなり。又浅野殿浪人夜討も、泉岳寺にて腹切らぬが落度なり、又主を討せて、敵を討つ事延び〳〵なり、若し、その内に吉良殿病死の時は残念至極なり。上方衆は智慧かしこき故、ほめらるる仕様は上手なれば、長崎喧嘩(1)の様に無分別にする事はならぬなり。又曽我殿夜討も殊の外の延引、幕の紋見物の時、祐成図をはづしたり、不運の事なり、五郎申様見事なり、総じて斯様の批判はせぬものなれども、これも武道の吟味なれば申すなり。

如何にも『葉隠』らしい主張である。喧嘩の仕返しは踏かけて斬殺されるまでというのだから、勝敗など念頭におかない。この論法を敵討にまで拡大して赤穂浪士が敵討まで一年九ヶ月もかかったこと、泉岳寺で切腹しなかったことを、上方衆は利巧だから世間からほめられるための演出はうまいが、わが藩の長崎喧嘩のような遮二無二の無分別は出来ないと皮肉っている。この『葉隠』の主張の当否はともかくとし、前の家康の教訓とともに、敵は早く討取ることが肝要であると教え、その共通した理由として「敵が病死したらどうなる」というのである。

家康は向坂六郎五郎の父親が、兄の敵を自分で討つつもりで遅らしているうちに敵が病死したことを例にとり、『葉隠』は赤穂浪士が主君切腹から敵討まで一年九ヶ月かかったことを批判している。

なるほど尤もな教訓であるが、討人は教えられるまでもなく、たれしも一日も早く本望遂げたいと願わぬものはない。家康や『葉隠』が取上げている例は敵の所在がはっきりしているが、多くの敵討の場合、敵は逐電して所在をくらませている。それを捜し出して討たねばならない、運がよければ二年か三年の短時日で捜し出し目的を遂げることができるが、運が悪ければ五年、十年、二十年も捜し廻らねばならない。別掲〈江戸時代敵討表〉の一番下段の「敵討を遂げるまでの年数」を見て頂きたい。五年、十年はざらで中には十七年、二十九年、四十一年も要しているものがある。もっともその間を子細に調べたら四十一年間ずっと敵を尋ねて廻ってはいなかったのかもしれないが、ともあれ敵討というものは苦労の多い長い歳月を要するものと覚悟しなくてはならない。

お暇の期間と費用

ある日突然親の敵なり兄の敵なり討たねばならぬ不運な境遇になって、主君に敵討お暇願をする。いつ討てるかわからぬから期間を切って願うわけにはいかない。与える方でも同様で、貰うも与えるも無期限である。しかし三田村鳶魚翁の研究によると、一応の目安は三年間だったという。が、三年間で討てなかった場合、別に延期願を提出する必要はないし、主君の方でも帰ってこいという催促もしない。結局本望達するまでの無期お暇である。これは裏を返せば本望達しなければ帰国できないということになる。どんなに辛い歳月であろうとも、敵の首を携えねば帰られない。病気になって本望達することが不可能になった場合も同じことで、そんな場合は永久に郷里の土を踏むことを断念しなければならぬ。不倶戴天の人間の至情に燃え、妻子を残して、敵討の旅に上った侍が、武運拙なく敵にめぐりあえず、または重なる不運に討たずしまいになり、旅の他国で概里の肉親に想いを馳せながら野垂れ死した事実は、数多くあるにちがいないが、小説や芝居の世界はともあれ、確かな記録には残っていない。

肥前佐賀といえば『葉隠』発祥の地である。藩主は鍋島三十六万石の外様大名である。領内東目白石郷は藩の東部にあって藩主連枝の領地で一時白石支藩とも称した。郷内に皿山と称する山間部落がある。この部落は藩政時代西皿山有田に次ぐ焼物の産地だったそうだが、明治になってから急に衰微し、しかし今でも一、三戸の窯元があって素焼の土鍋など細々と製造しているが、その一戸、松本という家の墓地に「豊前さんの墓」という無銘の墓がある。松本家の祖先からの伝承によると、豊前さんという男はもと豊前（小倉）の武士で敵を尋ねて九州各地を廻り、皿山部落で行倒れになったのを、松本家の何代か前の先祖が助け、当人の希望もあって雑用などに使って寄食させているうち病死した人だという。いつのころかはっきり時もわからぬし、豊前の侍というだけで小倉藩士か浪人者かその点も全然不明だが、この話が真実だとすると、敵討の暗い惨めな一面を伝えるもので、全国各地を綿密に調べてみたら、この種の伝説が他にも多く残されていると思う。

家の主人がお暇を頂いて敵討の旅に出る、残された家族の生計はどうなるか。

参考になる文献は前に掲げた越後新発田城主溝口伯耆守家来久米幸太郎が、文政十一年四月父の敵を討つべくお暇願を出したとき、お許しの書の中に、「家内の者江御合力米、其儘被二下置一候間、致二安堵一可レ遂二本望一候」と、いうのがある。家族にはこれまで通り御合力米を支給するから安心して本望を遂げるようにという有難い言葉である。

また文政三年三月、相州小田原大久保加賀守家来浅田鉄蔵（廿一養子）、同門次郎（十二実子）が、父の敵討に発足するときは、「家内之者共御養扶持三人前、御心付金拾両被レ下レ之」「家内之者、是迄之御長屋御入用有レ之候迄御貸被レ成候。尤親類共方へ罷越候儀者、勝手次第」という書付をもらっている。もちろん、時勢や藩情もある程度影響したであろうが、大体藩士が正統な手続を踏んで敵討に出かける場合、いずれの藩も残される家族の最底生活は保証したらしい。

いま一つ考えられるのは、親族間の相互扶助が、現今と較べものにならないほど徹底したことである。罪九族に及ぶといわれたように一族の連体責任は強かった。親類に事が起った場合、一族は自分たちのこととして処置に当った。この義務的責任感がたとえ藩からの補助がなくとも遺族の面倒を見たものである。

さて家族はこれで一応心配なくなったにしても当人の旅費はどうなるか。出発に際して藩から御心付として幾何の餞別を頂戴する場合もあるが、その後の費用は当然自己負担である。それも半歳や一年は親類朋友などの援助を得ることが出来てもそういつまでもそれをあてにすることはできない。しぜんじぶんで旅の費用を稼ぐことになる。虚無僧になって諸国を巡り敵を捜したり、渡り奉公人に身をおとしたりして敵を求めるのは、あながち、芝居や講談の興味本位の創作ではない。国許の親類縁者などが裕福な場合、必要に応じひそかに帰国したり、適当な方法で調達していたらしいが、そんなめぐまれた者は微々たるものだったにちがいない。

七　助太刀

討人の順序

順序というのは変だが他に適当な言葉が見当らないから使う。

敵討は尊族の敵討に限り、親の敵は子が、兄の敵は弟が、弟の敵を兄が討つのは逆で、叔父甥の敵討は無用なりという『長曽我部元親式目』の精神は徳川時代にも生きていた。

が、これはあくまで慣例であって、法的に規定されたものでないから、弟の敵を兄が討つなどの卑族の敵討も絶対禁止されていたのではない。ただ公認を得る場合、慣例の範囲のものならスムーズに認められるが、それ以外のものは少々手間どるといった程度のもので、さらにその公認にしてもこれをうけなければ討てないというわけのものでないし、慣例外の敵討でも討ってしまってから届出れば特別差し障りのない限り「お構いなし」と簡単に許されるのが常であった。いずれにしても敵討に関する限り当時の為政者は至極寛容で厚意的であり、こんなことからおよそ変態的な妻敵討まで堂々と罷り通ったものである。

しかし徳川時代の敵討にも被害者の最近親者が敵討の当人になるという序列だけはまもられてきたようで

ある。殺された者に子がいるのにその子をさしおいて弟が兄の敵として討つとか、師が殺された場合、子供や弟があれば弟子は討人の当人にはなり得なかった。主人の場合も同様で、子があれば子、子がいなければ弟で、家来はそのうしろで助太刀である。夫の場合、妻は子や弟のないときはじめて討人の当人になれる。子はいても嬰児である場合もある。嬰児でなくても幼児で物の役に立たない場合など、弟がこれに代って討つ。この場合べつに役に立たない嬰児や幼児を背中に負ぶって出かける必要はなかった。

伊賀越の荒木は脇役

『伊賀越の敵討』といえば誰しも一番に荒木又右衛門を連想する。が、この大敵討の当人は又右衛門でなく渡辺数馬である。数馬は又右衛門の妻の弟で義弟だ。だから彼は紛れもない義弟の助太刀で脇役だ。

河合又五郎に殺された渡辺紋太夫は数馬の弟だから、数馬は義兄又右衛門の助太刀で弟の敵を伊賀越鍵屋の辻で討ったことになる。

この敵討は三大敵討に数えられるほど有名だから別節で詳述するつもりだったが、紙数の関係で省略することになったから、ここで簡単に紹介しておこう。

事の起りは至って単純である。

『明良洪範七』備前ノ松平宮内少輔忠雄ノ家士ニ、渡邊数馬ト云者有リ、寛永七年七月廿一日、岡山城大手ニテ踊興行有ケル夜、右數馬ハ舅津田豊後方へ行キ、跡ニ弟源太夫居タル所へ、同家中河合又五郎來リテ、源太夫ト談話シテ居タリシガ、如何ナル故ニヤ、又五郎主従四人ニテ源太夫ヲ切殺シテ立去ル云々……

他書に又五郎が引揚げた後も源太夫は深手ながらまだ生きていて、來合せた家来に一部始終を告げた後、絶命とあるが、この『明良供範』の記事も大体正確に近いようだ。

数馬はこの報せをうけて舅の津田豊後と共に又五郎の父半左衛門邸に押かけたが、門を閉ざして入れない。騒ぎをききつけた藩の重臣が仲に入って、又五郎の身柄は父親の半左衛門に預け、主命を待つということで双方納得させて数馬たちを引取らせた。

重臣から報告をうけた池田忠雄（松平）は、半左衛門が息子又五郎を切腹させて、事を穏便に処理するだろうと判断していたが、半左衛門はこの藩主の期待を裏切って、勝手に又五郎を江戸の旗本安藤四郎右衛門（講談では阿部四郎五郎）のもとに逃した。旗本と外様大名は宿命的に犬猿の仲だ。安藤一味の旗本は歓声をあげて又五郎をかくまい池田公に挑戦する。

果然、備前岡山城下で起ったちょっとした同輩同志の口論の末の殺傷事件が、舞台を江戸に移して旗本対外様大名の対抗となる。それでも池田家では一歩を譲って、旗本の申入れを容れ、捕縛していた又五郎の父半左衛門を江戸へ送り、その見返りとしての又五郎の返還を待ったが、図に乗った旗本は又五郎を返さぬばかりか、「このたびは備前摺鉢底抜けて、池田宰相味噌をつけたり」などとざれ歌をはやらせて嘲笑する。

当然激怒した池田宰相は老中に訴え上裁を仰いだが、訴えられた老中もまだ事件収拾の対策も決せず当惑しているさなか、池田忠雄が急死した。病気は痘瘡で熱にうなされながらの臨終だったが、その苦しみの中から、「旗本の面々と確執を結び、不覚の名を穢し、今に落着相極まらず死せんこと口惜しけれ。依て残す一言あり、我れ果てても仏事追善の営み無用たるべし、河合又五郎が首を手向けよ。左なきに於ては冥途黄泉の下に於ても鬱憤止む事無し……」と、遺言した。

この辺りまで兄の渡辺数馬は、

我子並に弟の敵者は不レ討也（勇士常心記）

の武士常識から、それほど深く敵討を考えていなかったらしいが、事ここに到ると単なる弟の敵討でなく主命によって討つ〈上意討〉も含まれてくる。彼も果然決心する。

一方公儀でも放っておけば如何なる大事に発展せんとも限らぬと考え、寛永九年三月、「河合又五郎と申す者に一夜の宿を貸し候とも二夜と留置き候者は屹度曲事に行わるべき者也」という御触れを出した。

公儀としては池田家を押えて外様大名の反感を買うのも考えものだし、といって、旗本を押えて三河以来の親衛部隊の不満をつくるのも面白くない。河合をお膝元から放逐して厄介払いしようという政略である。

こうなればいかに横紙破りの旗本連も河合を匿っておくわけにはいかない。が、河合をどこへ落そうとひとたび江戸を離るれば池田家が討手を差向けて討取るにちがいない。現に兄の数馬が義兄の荒木又右衛門と共に上方を発して江戸へ向ったという噂であった。又右衛門は当時泉州郡山藩に仕え柳生流の達人と噂された剣客だった。事実又右衛門は数馬助大刀のため郡山藩から暇をもらっていた。

これに対してこちらも腕の立つ附人をつけねばならぬというので、江戸に住む浪人者を大勢集めその中から二十数人を選抜して又五郎を護らせたというが、これは講釈師の張扇がたたきだしたもので、実際鍵屋の辻で血斗に参加したのは又五郎の近親者三人と、その小者郎党等合せて十一人、それに道中で雇った馬子人足が九人いたが、これらは逸早く遁げ出したので物の数には入れ難い。

近親者三人は叔父の河合甚左衛門、妹聟の桜井半兵衛と虎屋九左衛門。河合甚左衛門は当時浪人であったが、もと荒木と同家中でおたがい旧知の間柄、又五郎が江戸に匿まわれていたときから常に身辺にあって護衛してきた男。妹聟の桜井半兵衛はまだ二十四歳の若者だが十文字槍の達人で彼の霞構えは天下無敵、霞構えの半兵衛と唄われた武人。この事件には、「見ず知らずの旗本さえこれほどしてくれるのに、義弟のじぶんが傍観していたら武士の面目が立たぬ」と、近江膳所の戸田家に仕え知行二百石を領していたが、それを振り捨てて馳せ参じた。

荒木もこの半兵衛の槍には頭を痛め、「半兵衛に槍を取らすな」取る前に斬ってしまえと、出撃間ぎわまで味方に訓戒している。いま一人の妹聟は大阪の町人、これは大阪から従っている。

この一行が鍵屋の辻にかかる時の情景を直木三十五は次のように記している。確かな資料によって記したといっているから参考のため掲げておこう。

長田川の橋に現われた一行、真先に馬上でくるのは又五郎の妹聟で大阪の町人虎屋九左衛門、半町も先に立って物見の役だ。つづいて近江の浪人桜井半兵衛、使い馴れた十文字槍を小者三助に立てさせ、馬側には小姓湊江清左衛門、半弓持った勘七、指替持った市蔵を後に従え、天晴れ骨柄、又五郎同じく二十四歳、小者一人、喜蔵というに十文字の槍を持たせ、後ろの押えとして叔父の河合甚左衛門四十三の男盛り、若党与作に素槍を担がせ、同じく熊蔵を従え主従十一人、鎖帷子厳重に、馬子人足と共に二十人の一群、一文字の道を上野の城下へ乗入ってくる。

とある。堂々たる構えだ。

これに対して討つ側は当人の渡辺数馬、助太刀荒木又右衛門、それに荒木の弟子で郎党の岩本孫右衛門、河合武右衛門のしめて四人。二十対四では数からみれば大へんな差だが、実質で行けば相手の二十も初めから勘定に入らぬ馬子人足をとれば十一になるし、その中にも最後まで戦う肚の者は幾人かで、幾分先方が優勢だったとみてよかろう。

鍵屋の辻の血斗は「辰の刻より三刻の間」と伝えられているから、朝の八時から午後の二時まで六時間も斬り合ったことになる。戦は荒木のもくろみ通りほぼいって、半兵衛に槍をとらせず、荒木は名乗りをあげるなりまだ体制のととのわぬ河合甚左衛門を一刀のもとに斬り落すと、すぐ半兵衛にかかっている。半兵衛は孫右衛門、武右衛門に攻められ得意の槍を槍持から取る暇もなく焦っているところに河合を倒した荒木に襲われ、槍を取るのを断念して刀で渡りあったが、そう長い時間も取らず荒木に斬り伏せられた。この間長くて小一時間だろう、するとあとの五時間はもっぱら数馬と又五郎の必死の血斗だけである。それにしても長すぎる。この三刻は直木三十五は戦斗開始から役人が出張し、負傷者の手当、数馬が又五郎を倒し、一同役所へ連行されるまでの時間だろうといっているが、多分そうであろう。

ともかく数馬は最初から又五郎に立ち向い数時間に亘って戦い続けていることは確かだ。その間荒木は〈熱燗〉を呑みながら叱陀声援するだけで手出しはしなかったという。熱燗はともかく手出ししなかったことは確からしい。これが敵討のほんとうの助太刀だった。寛永ころまではまだこの助太刀の精神が生きていたのである。

助太刀の種々相

敵討の助太刀は、討人当人が若年だったり病弱だったりして、到底独力で討つことが出来そうにない場合や、伊賀越の敵討のように敵側に多くの助勢がある場合などその対抗として生れてくる。

こんな場合、助太刀は大体親族から選ばれる。封建時代において親類一族の連帯性は強く、よかれあしかれ何事にも傍観していることは許されない。親類の一人が殺害され助太刀が必要な場合まず近親者からこれに当るのが普通で、近親者にも適当な者がない場合など一族協議の結果、討人を選ぶ、本望達するまで討人と行動を共にすることもあれば、期間をきめて他と交替することもある。

また家僕が若主人に従って敵討の旅に出て、終始苦労を共にし、首尾よく敵を捜し出し勝負となった場合は助太刀に廻る。こうした忠僕物語は講談や芝居などに多い。

溝口伯耆守家來
板倉留五郎江

此度久米幸太郎儀、弟盛太郎召連、亡父弥五兵衛敵瀧澤休右衛門行衛相尋、打果度旨ニ付、御暇被レ下置度旨相願候之處、右兄弟共一向幼稚之砌ニ而、父弥五兵衛殺害之所、敵休右衛門面体も不レ存、其方ニ於而も兄之仇、旁々兄弟之者江附添罷出度旨、願之通奉二御聴一候處、厚志事ニ思召、願之通御扶持御引上ゲ候、御暇被二下置一候、尤公儀御奉行所へ御屆濟候儀ニ付、右寫相渡候、然ル上ハ不束之儀無レ之、首尾能遂二本望一候様、萬端世話可レ致候、依レ之金拾五兩被レ下レ之、

一肥前忠廣之刀　一腰
一金貳拾兩
久米幸太郎江

戊子文政十一年五月十五日發足之由

これは前にも記した、久米兄弟の敵討に同行した兄弟の叔父の助太刀お暇願に対する藩の許可の控書で、この書によって敵討助太刀に関するいろいろなことを知ることができる。

この事件は文化十四年十二月越後新発田五万石溝口伯耆守の家来瀧沢休右衛門が、些細な口論から朋輩の

久米弥五兵衛を殺害して逐電したことから始まる。

当時弥五兵衛には幸太郎、盛太郎の子供がいたが、幸太郎は七歳、盛太郎は四歳、敵討の旅に出るには幼すぎる、親族相談の結果兄弟の成長を待って討取ることになり、翌文政元年三月、一応藩に御帳付の届を出しておいた。

それから十一年経って兄は十八歳、弟は十五歳になり、いよいよ発足することになったが、なんせ父が殺された時兄弟とも幼児だったので敵の顔も知らない。そこで叔父の留五郎が附添い助太刀することになって藩にお暇願いを出した。

前掲のものはこれに対する藩の許可の控書で、これは藩で保管しておくものだから、末尾に「戊子文政十一年五月十五日発足之由」という追書がある。発足したあとで係りが記入しておくのである。

因みにこの敵討は目出度く本懐とげているものの随分長くかかっている。兄弟並に叔父留五郎が発足してから三十年目、事件が発生してから四十一年目、安政四年十月九日。陸奥国牡鹿郡祝田浜で討取っている。兄幸太郎は四十八歳。弟盛太郎は四十五歳、助太刀の叔父留五郎は七十三歳という勘定になる。三十年という長い歳月は討つ方にも討たるる側にも大きな変化をもたらしたにちがいない。別掲〈敵討表〉では、この敵討の討手の名前は兄の幸太郎一人になり、弟盛太郎および助太刀として同行した叔父留五郎の名も記されていない。その真相を調べたいが手掛りのないのが残念である。

筆は脱線したが本筋に戻そう。

この板倉留五郎の助太刀御暇願許可の控書によって判明することは、第一にこれは当然の事であるが、助太刀にも当人同様御暇願を出すのが普通であるということである。だがこれは願を出せば必ず許可されるといったものではない。慎重に僉議の末に決められる。理由は奉公人の義務を休んで私事に従うからであるが、幸い許可になれば藩から公儀にこの由を届け出ですなわち御帳付をしておく。そのかわりこの控書でも見るように扶持は引上げられる。もっとも願いにその由を具申するから「願之通御扶持御引上げ候」である。本来、敵討は私事であるから私事を行うのに現職のまま給料を貰ってというわけにはいかない。まして私事を助ける助太刀はなおさらのことである。敵討には扶持は引上げても大がい合力米を賜わり家族の生活は保証するが、助太刀にはそれもないのが普通であった。早くいえば敵討の当人は休職給を支給されるが、助太刀には休職給は無いといったものである。そのかわり留五郎の場合餞別として拾五両もらっている。後書の肥前忠広の刀一腰と金貳拾両は討人当人の幸太郎へ下されたものである。

この板倉留五郎のように討人当人の近親者で、一族の代表として、さらに正式な手続を踏んで助太刀に出かけるのが最も正常であるが、多くの助太刀のなかには種々趣きのちがったものがある。

妻が夫の敵討に出かける。屈強な下僕が従行する、下僕といっても実際は助太刀である。長い苦難の旅を倶にしているうちに、主従の関係が男女の生身の関係になってしまい主従の厳しい隔てを超えてしまう。そこから生れる人間の苦悩や世の中の矛盾など菊池寛や長谷川伸等の作家が好んで書いた敵討ものであるが、単に作家の想像から生れる架空の物語でなく、実際にもあり得ることである。

浮世草子や講談などには「義によって助太刀」というのがよくある。義は義理であろうから、何か討手とかかわりがなければ義理も生じない筈だが、なかには見ず知らずの者が見物人の中から飛び出してきて助太刀することもある。

酔払いか何かならともかく普通主人持の侍には考えられないことだが、通りすがりに助太刀した例もないわけではない。次に掲げる話はそのよい例であるが、真偽の程がよくわからないのでただ参考のため原文通り紹介しておこう。

『雨窓閑話』少年敵討雲州の士詞の助太刀の事

慶長年中の頃かとよ、播磨姫路近邊へ雲州の侍にて四五百石許とると覺しき侍、旅行して駕籠より出で茶屋に腰を掛け茶をたべて居る所へ、年の頃十四五歳程なる童走り來て、雲州の侍に申すは、某は親の敵をねらふ者に候處、只今此所にて見かけ候ゆゑ討ち果たし候圖に候へども、敵は鎗を持たせ居り候故、手前も鎗にて勝負仕度く候間、近頃御無心ながら、貴子御もたせある所の御道具借用申し度く候なり、我等浪人の儀故、詮方なく候と申しければ、雲州の侍委細承知いたし候、御若年に候處感じ入り候、併右の敵討は兼て御屆置かれ候かと尋ねければ、浪人の曰く、兼ねて相屆け置き、今日此所にて勝負仕る事故、所の領主へも申し達し置き候、御氣遣下さるまじく候、侍曰く、しからば持鎗御用立たく候へども、主用にて旅行致し候へば、私の儘にも成りがたく、鎗は主人の爲の鎗にて候間御用立申すまじ、去ながらうしろ立にはなり可レ申候間、心強く思し召され候へといひければ、浪人大に悦びとかくする内、敵も出で來れり大身の鎗をさげ來り、ただちに浪人に向ひて突きかくれば、浪人もここをせんどと働きけり、雲州の侍は挾箱に腰打ちかけて、これを見物する所、敵は大兵の手垂といひ、長ものの得道具なれば浪士の方危く見えて、陰になりて見ゆれば、敵は陽に進みて付け入らんとせる時、雲州の侍、其石突はと聲をかけければ敵うしろへ振返りける所を、浪士飛び込みて切り殺しけり。然る處敵の若黨共、彼少年に切りてかからんとしけるを、雲州の士鎗の鞘をはづし、眼をあらげて其方共は劍を負ふと云ふ者なり、引かずは相手に成るべしといひければ、忽静まりけり。

八　女の敵討

歌舞伎の『碁太平記白石噺』で広く人口に膾炙されているものに、宮城野信夫の仙台娘敵討がある。本来芝居などはその時の事件、いわゆるきわものを脚色上演することが多いが、この白石噺は『慶安太平記』由井正雪の陰謀事件の中にこの仙台の娘敵討を仕組んだものである。

由井正雪の陰謀事件は『白石噺』が、上演される以前も『廓習晝夜正話』とか『太平記菊水巻』とかいった外題で上演されていたが、安永十年仙台の娘敵討を取り入れてから果然人気が湧き、どちらかといえば本筋の正雪事件より脇筋の娘敵討の方がより話題に上るようになった。世俗的にいえば庇を貸して母屋を取られたようなものである。しかし慶安事件の起ったのは慶安四年七月で、仙台の娘敵討があったのは享保八年四月でその間に約七〇年の隔りがある。それを一緒くたにして芝居作りをやろうというのだから土台無理な話で、はめ込まれた娘敵討もずいぶん修正され歪曲されていることはいうまでもない。

もともと宮城野信夫の娘敵討はなかった。だれかの作り噺だというのもあるが、それについてあとで説明することにして、『一話一言』に「宮城野忍報讐の実説、仙台より尋参候敵討之事」と題する一文があるから一読してもらおう。

松平陸奥守様御家老、片倉小十郎殿知行所之内、足立村百姓四郎左衛門と申者、去る享保三戌年、白石と申所にて、小十郎殿剣術之師に田辺志摩と申、知行千石取候仁在レ之候に行逢、路次之供廻りを破り候とて及二口論一、彼四郎左衛門を志摩打捨被レ申候、此節四郎左衛門に二人の女子あり、姉十一歳、妹八歳、早速にて領内を立退、仙台に致二住居一罷在候而、陸奥守様剣術之師に、瀧本伝八郎と申方へ、姉妹共に奉公に罷出、忍び〳〵に剣術を見習、六ヶ年之間剣術傍致二修業一候。或時女部屋に、木刀之音頻に聞へ申候間、伝八郎不審に被レ存、伺見られ候処、右之二女剣術稽古仕候様子に候。伝八郎子細に尋被レ申候得ば、報讐之心入之由物語申候付、伝八郎感心不レ浅、此より弥々以修業致させ、密々に秘伝申聞され候由、高千石今度御増二千石、瀧本伝八郎名を土佐と改む、右之次第は、当春陸奥守様へ、彼二人の女が寸志を遂げさせ度と、御願被二申上一候に付、右敵田辺志摩と御引合、仙台之内白鳥大明神の社前、宮の叶と申処に矢来を結び、当卯（享保八年）之三月、雙方立合勝負被二仰付一候、仙台御家中衆警固検分在レ之候。姉妹志摩と数刻打合、二人替る〳〵相戦候て、無レ程志摩を袈裟切に切付申候、姉走り懸りて留めをさし申候、殿様御機嫌不レ斜、此女子共家中の娘に可給と被二仰出一候処、二女共に堅く御辞退申上候て、御請を不レ申、父之敵志摩を打候事、元より罪不レ遁候、願ば如何様共御仕置に被二仰付一被下候様に申上候得ば、皆々感心之上、瀧本氏二子に向い、委細様子を申聞候、殊に大守之御意を違背可レ申にあらず、某も時に有人たり、剣術之指南之恩、彼是以我申義そむくべからずと被レ申候得ば、漸了簡に従い納得仕候、依之御家老高三万石伊達安房守へ姉娘引取候て、当年十六歳、高不レ知、大小路権九郎殿妹娘を引取候て、手疵養生被二仰付一候当年十三歳、（月堂見聞録）

後書に、「これが世に云う宮城野忍の事であろう、この説が事実なら、井上蘭堂の姉妹復讐の文は虚説ならん云々」がある。

この文に拠ると殺害されたのは仙台領内の百姓、殺したのは家老の剣術指南役、討入は百姓の娘姉妹、姉は十六、妹は十三。これだけでも結構お芝居になる。その上後援者もあり、藩主も明君ぶりを遺憾なく発揮している。

だが綿密に読めばこの文章そのものにも小首を傾けざるをえない点が幾つもある。第一、事実を記したものにしてはあんまり完成されすぎている。事実はこう完成されるものではない。また他の者の名前は総てわかっていて肝腎の姉妹の名前だけ分らないのもおかしい。浄瑠璃では姉はおきの、妹はおのぶ、歌舞伎の『白石噺』では姉はおすみ、妹はおたかになっている。

この事件を事実無根と否認するのは仙台の人たちである。理由はこの敵討に関して何等記録のないこと、伊達家にも残っていないという。また出てくる地名人名に該当するものがないこと、例えば敵討現場となった宮の叶という処は仙台にない。白鳥神社はあるけれども、伊達家剣術指南役に瀧本伝八郎という者もいないし、敵とされる田辺志摩に該当する者もいない。そうした理由から折角の美談だが事実として受取り難いと至極律義ないいぶんである。

それではこの娘敵討はどうして生れたかということになるが、三田村翁は次のように云っている。

『碁太平記白石噺』は安永九年立川焉馬等の作であるが、趣向の尽きた「曽我物語」を江戸の世界にはめこんで、五郎十郎を女にした巧妙な飜案である。

真偽の程はいずれにしても女の敵討としては一番、世人に知られたものである。

いま一つ女の敵討の例を挙げておこう。これは『常山紀談』に出ている話だが、大久保長門守教翅（異本には松平周防守ともいう）の屋敷に仕えていた中老女中が、わずかの過ちから年寄女中に大へん怒られた上打擲された。中老女中は、親にもたたかれたことはなかったのにと、独言しながらじぶんの部屋に帰り、書簡を認めて二人の下女に親許に届けてくれと命じた。下女はそれくらいなことに何も二人も行くこともありますまい、どちらか一人で行ってきましょうといったが、大事な用件を認めたものだから二人で行ったがよいという。

どうも変だ、下女たちは心配になって、途中でとうとう書簡を披いてみて驚いた。しかじかかような次第で年寄女中にさんざん叱られた上打擲された、口惜しいから自害するという書置だ。色を失った二人の下女は一人は親許に走り、一人は屋敷に引返すが残念ながら間にあわず、すでに自害している。

そこでその下女は主人の手から血にぬれた小脇差をとって懐に入れ、死骸には夜着をかぶせて、年寄女中の部屋へ行って、お話申上げたい事があるから、部屋までおいで願いたいと申入れる。年寄女中は暫らく待てといってなかなかに来ないが、幾度も催促に行って、とうとう連れてきて、夜着をとって死骸を見せ、これはきょうあなたから恥められた故に自害されたのだといい、懐にかくし持った主人の小脇差を取り出し「主人の敵」と一突きに刺し殺した。騒ぎをきいて人々がかけつけてくる。彼等は二つの死骸をみて二人ともこの下女が殺害したにちがいないと詰問するが、下女は主人が親許に送った書置を示し、これが証據である。じぶんは主人の敵を討ったのだから心残りはないといって自若たるものだった。

これまで別に珍らしいところもない主人の敵討だが、その後が面白い、原文で紹介しよう。

長門守、女中を残らず並べて、彼中老の下女の事いかが思うにやと尋ねらるるに、忠義といい、気なげなる事といい、驚き入りたる由、口をそろえて云いければ、さらば如何せん、各存る旨を申候へとなりしかば、いかで存よりたる事の候べきと申す、さらば此度の次第、ほむるに詞もなしというべきなり、年寄の死して事も欠けぬれば、則ち年寄に取立て然るべからんとて、よび出して賞せられしとぞ。

大久保長門守教翅は相州荻野で一万三千石の小大名だ。住まいは荻野中山陣屋だから国許での出来事と思われる。時代は文面では明記していないが教翅は天明二年長門守になり寛政八年三十二歳で卒しているからその間のことであろう。

封建時代において大名小名に限らずおよそ主人と名のつく家来持ちが、如何に忠義というものを大切にしたか、文面に躍如としている。彼等は家来の忠節の上に生きている、それが揺らげば立っている土台が揺らぐ。この殿さまも取るに足らぬ又者のはした女中の忠義といえども見のがさない。さっそく全女中を集めて実物教育をやるところなど頰笑ましい。

九　童子の敵討

女の敵討を書いたからついでに童子の敵討を紹介しておこう。

敵討年表に宝暦三年下総国の雄之助鎌吉兄弟の父の敵討が出ている。これについては『事実文編附録十』に概要が記されているが、それによると敵討当時兄雄之助は十三。弟鎌吉は八歳とある。調べれば他にこれより年少者の敵討があるかもしれないが、筆者の目についた限りではこれが一番幼い者の敵討だから取り上げてみよう。

兄弟は下総の百姓の子である。下総というだけで詳しいことはわからない。生母に別れ、生別か死別かも不明、父は後妻を入れている。後妻を千里という、兄弟には継母だ。この継母がこれも姓名身分共に不詳の男と密通、知らぬは亭主ばかりなりで父親は全然気づいていない。姦夫と父親も昵懇の間柄だったらしく、ある夜姦夫が来て二人で夜半まで酒を飲み、父が泥酔して眠ったところを姦夫が刺殺し床の下に埋めた。これを兄の雄之助が見ていたのである。兄弟は枕を並べて隣室に寝ていたが、夜中に起った父の叫び声で雄之助が目を覚し、杉戸の隙間からこの恐ろしい光景を目撃したが、いま騒ぎ出したら自分はもとより弟まで殺されると考え、わざと大きな鼾をかいて眠ったふりしていた。子供にしては少し出来すぎた感じでもある。

翌朝起き出てみるともう姦夫はいない。継母に父さんはどこへ行ったかと訪ねると、朝早く隣村に用事で出かけたと答える。朝食事をすましたころ姦夫が来て、今日は兄弟を村外れの神社に連れていってやるという。雄之助は寺小屋を欠席するとお師匠さんから厳しい罰を受けるからといって拒絶し、弟と一緒にいつもの通り寺小屋に出かけた。百姓の子で寺小屋へ通っているところから察すると、かなり裕福な家の子と考えられる。

途中で兄は弟に昨夜目撃したことを語り、姦夫はじぶんたちが生長して敵を討つのを怖れ、今のうちに我らも殺してしまおうと考えているにちがいない。今朝村外れの神社に連れて行くといったのもそのためだ、明日もきっときてまたどこかに誘い出そうとするにちがいない。そんな手に乗らず、奴を殺して父の敵を討たねばならない。おまえはいつも木刀を腰にさしているが、明日は真刀をさしていろ、と命じた。

翌朝もまた姦夫がきて甘言を弄して兄弟を誘い出そうとするが、うまくいいのがれる。姦夫は内心舌打ちしながら帰ろうとすると、下駄が片方ない、犬でもくわえて行ったのかあっちこっち捜していると、雄之助がその下駄なら先刻じぶんが誤って床の下に蹴入れたという。姦夫はぷんぷんしながら床下に頭を突きこんでみると、奥の方にころがっている、体半分床下に突きこみ手を伸ばして取ろうとしているところを兄は弟を目で促し、刀を抜いて、まず兄が父の敵と叫びながら姦夫の背中を拳も通れと刺し通し、次に八つの弟が脇腹を刺し通す、姦夫の悲鳴に奥から走り出てきた継母が、大声で喚きだしたので近所の人も集ってきたが、兄弟の必死の説明で姦婦もその場で村人たちに捕えられた。

名主や役人もかけつけて、雄之助の言葉によって床下を検べると父親の死体が現われたので、まちがいなく父の敵討であることが判明し、継母は獄に下ったという——。

一〇　返り討

敵討の際、討人がどんなふうに名乗をあげたか、敵がこれにどう應えたか、数多い敵討研究書にも記したものはない。が、講談や芝居になると、ちゃんと一つの型ができている。今さら書く必要もないが、ややあや珍らしや！　に始まり、相手の姓名を呼び、すぎし何年前と、その罪状を唄いあげ、われこそは何の某、ここで会うたは優曇華の花と名文句になる。しかしこれは講釈師や役者のショーで、実際にはそんな絢爛で戯的なものではなかったかもしれない。うぬっ！　と一声目を飛び出させて斬りかかったり、顔面引きつらせ言葉も出ぬまま飛びこんだりしたものもあったにちがいない。が、いずれにしても、たとえこのうぬ！の一声にしても、その中には、非業の死をとげた肉親の遺恨と、数年あるいは十数年、妻子を顧みず、異郷の空を尋ね歩いた艱難苦労の怨みが、いち丸となっていたことはいうまでもない。

まことここで会うたは優曇華の花であり、千載一遇であるが、勝負は時の運だ、必ず勝つとは決っていない。この冷酷な原理は敵討といえども変りなかった。傷つきながらも敵を倒せば大願成就であるが、武運拙なく敵に倒されるとなると、悲運もここに極まるものがある。しかもそうした悲痛な結果で終った敵討がいくらもある。世にこれを返り討という。まずこの一例から示そう。

『傳奇作書初篇下』崇禪寺馬場敵討の實話

この事件は事の起りから宿命的だった。

正徳五年五月十四日、和州郡山藩の生田伝八郎が、同藩家士遠藤宗左衛門を斬ったことにはじまる。このとき伝八郎は二十八歳、斬られた宗左衛門は十八歳。その日、藩の若侍たち数人が集って談笑していた。場所はどこだか明らかではない。みんな藩の剣術指南役生田惣兵衛の門人で話はしぜん剣術談になり、てんでに勝手な熱をあげる。生田惣兵衛は伝八郎の養父だった。斬られた宗左衛門は年の割に腕が立ち師匠からも期待されていた。それを鼻にかけているわけでもあるまいが、おつむが少々いかれていて平素から、無念流がどうの、真影流がどうの生噛じりの剣法論をふりまわす。その日も年上の人々も憚からず、このおっちょこちょいぶりを発揮し、はては師匠の惣兵衛さえ物足りぬようなことをいうので、肚に据えかねた伝八郎がつい「若輩のくせに、口がすぎるぞ」と口走ったことから、口論となり、その場は同座の制止でおさまり解散となったが、一足先に立った宗左衛門が門口に待っていて後から出てきた伝八郎にまた喰ってかかり、双方抜刀し、年上が年下の天狗を斬り殺すという大事になってしまった。少年の思い上った生意気さがじぶんの死を招いたのだ。駆けつけた同輩たちも斬った伝八郎を責める者は一人もない。「身を隠せ、あとはなんとかなる」一同にすすめられた伝八郎は友人の家へちょっと立寄ったまま城下から姿を消した。これが事件の発端である。

宗左衛門には異母兄が二人いた。治左衛門と養子にいっている安藤喜八郎である。斬られた宗左衛門の実母で二人には継母から膝詰めで敵討を促され、あまり気も進まなかったが、藩に弟の敵討お暇願を出した。弟の敵討でもあるし、それにどうも斬られた方が評判が悪い。藩でもなかなか許可を渋ったが、当人たちよりも継母が先に立って奔走しついに許可をとった。兄弟は仕方なく出発した。その年の十月、はじめて事件が起ってから五ヶ月経っている。

一方伝八郎は郡山を退散して暫らく近江の大津の知人宅にかくれていたが、郡山からの連絡で宗左衛門の異母兄二人が敵討に出る意志がないらしいことを知ると大阪天満与力佐川郡兵衛を頼って上阪し、郡兵衛のすすめで町道場を開く。看板を掲げるとき郡兵衛は偽名をした方がよいとすすめたが、どうせ変名してもばれることだし、男らしく本名でいくがよい！　といって拒んでいる。

兄弟は郡山を出発するとき伝八郎が大阪で町道場をひらいていることを知っていた。二人は大阪に着くと藩の蔵屋敷に宿泊して道場のある天神橋北詰あたりを徘徊して様子をさぐった。剣術指南として伝八郎の評判もなかなかよい。入門者も五、六〇人に達しているらしい。うかつに踏み込めない、しかし本名を名乗っている以上逃げる心配はないと踏んで時機のくるのを待った。

時機が来た。しかも先方からきたのだ。月が変った三日、外から帰った兄弟に思いがけない書簡が待っていた。

思いがけない事情から御令弟を殺害して立退いたが、その恨みを晴さんと当地へ御出向の由、御尤に存じ候、就ては明四日卯刻（午前六時）浜村崇禪寺馬場に於て尋常の勝負致すべく候、

正徳五年十一月三日　　生田伝八郎

遠藤治左衛門殿

安藤喜八郎殿

これはまさしく果し状である。討たれる者から果し状は前代未聞だ。この意表を衝いた大胆さに、助勢をたのんで返り討にするための誘き出しではなかろうかと兄弟が考えたのも当然である。しかし行かないわけ

にはいかぬ。

事実、翌朝の崇禪寺馬場の敵討、伝八郎からいえば果し合は、兄弟が心配した通りになった。伝八郎には七人の助勢があり、はじめは物影にかくれて手出を控えていたが、兄弟が同時に伝八郎にかかってきたのをきっかけに、諸書によってその方法は違っているが、石を投げたり、『伝奇作書』などのように遠矢をかけたりして兄弟の行動を邪魔して、ついに返り討にしている。

これはなんとも卑劣極まる行為だ。これまでの伝八郎の堂々と男らしい行動とは裏腹である。宜なるかな、この助勢については伝八郎の意志に反し、勝手に行われたものであることは、この事件を記すどの書も一致して認めている。

伝八郎は前夜一部の門弟知人と別盃を交した。その席で彼等は助勢を申出た。が、彼は断乎拒絶した。一人たりとも現場に来てもらいたくないといった。それに反して来た彼等もはじめから助勢の目的でなく、師匠の先途を見届けるためだったかもしれない。

しかし世間は現象だけしか見ない、現象だけが物をいうのだ。伝八郎の評判は一朝にして急落した。彼は大阪から姿を消しどこをどう歩いていたか不明だが、その年も押し詰った師走の雪の降る日、郡山城にある常稱寺の遠藤家の墓前で切腹した。懐中に、

いさぎよく死出の雪見る今宵かな

と認めた遺書があったという。

以上は崇禪寺馬場の返り討を記した諸書を参照しながら記したものだが、書によってそれぞれのちがいはあっても、伝八郎はこんな卑劣にとられる方法で返り討にしようとは考えていなかったようだ。といって討

たれてやろうという殊勝な気持もなかったことも確実である。正々堂々戦って返り討にしようという気持だったろう。弟の敵討は違法だ、彼等はそれをしようとしている。先手を打って果し合状をつけ、果し合として討果してしまえばもう逃げかくれをする必要ないと考えたのかもしれない、恐らく彼は兄弟を討取るだけの腕の自信もあったであろう、とすると門人たちの行動は心ない軽挙であったといわねばならない。

ところで遠藤兄弟のように返り討になったとき、身寄りの者から再び敵討の願いが出た場合許されるか。これを〈又候敵討〉といって原則としては許されない。しかしその場に居合せて、その場で討取った場合、堀部安兵衛の高田馬場のように急をきいて駆けつけ、相手を討取った場合は〈即座之敵討〉として認められたものである。

一一　討違い・討損じ

討違い

『窓のすさみ三』に、

元禄の頃にや、武蔵三田と云う所、渡辺綱が在所にて、忍領の境なり、忍の君の目附役荒巻十左衛門という士、馬上にて通りけるに、年頃六十七ばかりの士一人、三十ばかりの下僕一人つれて来りしが、馬上に向いて、親の敵なり、討果し申すべし、馬より下りられよ、と云いかけしかば、荒巻編笠をつけたるまま、下り立つ所を、下僕抜打ちに足を斬りければ、倒れしを、彼の士一刀に切殺しぬ。さて笠をとりて見れば、人違いなりし程に、逃げ散りし、若党槍持等を呼びあつめて、姓名をきて、いよ〳〵見損じたるなれば、近所の寺へ行き、忍の家士に通達し、ふと見損じて下僕の切りたる故、止むを得ず討留し、卒爾の至り、此上のがるべきよう無レ之候、敵は越後に居候と承りて、尋ね行くとて如レ此の通りに候、この下僕おば敵を討ち候まで、命をお貸し候て、本望とげ候様に成し下され候えかし、と云いければ、検使の士聞届け、下僕を免じつかわし、その士は自刃させけり。暫して下僕は、翌年越後にて敵を討ちしとぞ、見損じたるは本より卒忽なり、荒巻が馬上にて早く笠をぬぎ、自身覚なき由云いたらば、面を見て得心すべし、残多き事にこそ、敵討は尼崎の君の士なりとぞ。

解説の必要はない。数多い敵討の中にはこの種の〈討違い〉が他にもあるであろうが、こういったものは記録として残すことがないので、もっぱら口碑伝説にたよるよりほかないので捜すに骨が折れる。

討損じ

『視聴草三集四』深川敵討一件

「昨十二日〇寛政十年十一月晝四時過、深川六間堀町同所元町迄之間ニ而、南塗師町権三郎店山崎彦作後家みき外二人之もの、平内へ手疵為レ負候始末、荒増左之通御座候、

南塗師町
権三郎店
みき　年四十一才
手疵二ヶ所
同人娘
はる　年十七才
手疵六ヶ所
深川森下町吉兵衛店
手跡指南致し候

手疵三ヶ所　　　浪人　平井仙藏　年廿六才

一右みき夫山崎彦作と申者、六年巳前丑年八月中、寄合神保左京家來崎山兵左衛門并、同人悴平内世話ニ而、勝手小役人ニ奉公濟致し、妻子共屋敷へ引移相勤、其後同九月中、家老役ニ相成、同役崎山兵左衛門并同人悴平内儀者見習勤いたし、三人ニ而家老役相勤罷在候處、兵左衛門父子、年來不正之筋有レ之、取調之儀、同月中主人左京より申付候ニ付、則取調候上、主人江申立候處、其儀を遺恨ニ存候哉、同月廿三日、平内并同人弟川口嘉作外六人ニ而、夫彦作を殺害致し候を、其節見受候處、みき、はる兩人共、右屋敷ニ而扶助致可レ遣間、安堵致罷在候樣申渡有レ之候ニ付、乍二残念一屋敷ニ罷在候處、翌寅年二月中、永之暇申渡有レ之候間、引拂之巳後、兼而懇合平井仙藏相賴當ニ罷在候由當月九日用事有レ之、仙藏方へ罷越、止宿致候處、右體夫彦作殺害ニ逢候始末、兼而残念ニ存罷在、娘はる儀も成長に隨ひ、残念がり罷在候處、昨十二日晝四時過、右相手之内、崎山平内儀、仙藏家前を罷通候を見請候間、討果遺恨を晴し可レ申と、みき所持之脇指を持出、はる儀ハ仙藏所持之刀を持出、右平内へ夫敵又者親之敵之由申罵り、兩人ニ而切懸得者、平内儀も渡合せ、夫々打合疵請候所、仙藏儀者跡より罷越、助太刀致候得ども、町内より大勢罷出被二捕押一候故、討留不レ申候旨、申レ之候」

一二　討たずの敵

菊池寛の『恩讐の彼方へ』は耶馬溪の青の洞門を開さくした僧禪海と、これを父の敵とねらう中川実之助の〈討たず敵〉を書いている。

禪海はもと越後高田の藩士福原勘太郎の子で名を市九郎といった。江戸へ出て、旗本中川四郎兵衛の家来になったが、些細な事で主人を殺し江戸を出奔した。封建時代における主殺しは他の如何なる犯罪にもまさる大罪である。捕えらるれば極刑であることはいうまでもない。彼は諸国流浪の末、僧となってこの豊前の国にきた。別に目的があってきたわけではない、主人殺しという暗い背負いきれぬほどの心の重荷を背負ってあてもない諸国巡礼の途中である。まず宇佐に詣で彦山を拝し、この英彦山をみなもとにする山国川の渓谷に入ると、谷は深く道は険しく、絶壁の岩の上に鎖を引いてよじるよりほかはない。彼はこの大難所に立って人間はおろか山を棲家の獣さえ寄せつけぬ岩をうがって、人の通れる路を通じようと大悲願を起したのである。これは到底人間業ではなし得ることではなかった。彼はこの不可能に対し、鑿金一本、槌一挺で立ち向ったのである。岩の根元に雨露を凌ぐだけの草小屋をかけ、近村を托鉢して飢をしのぎ、昼夜の区別もわかたずこの大事業にとり組む。これはさながら雨だれが石をうがつようなものだった。里人たちは気違いと嘲笑した。五年たち十年の歳月が流れる。そして二十年、不可能が可能の顔をのぞかせる。里人たちは驚きの目をみはり、もうこれまでのように嘲笑はしなくなる。しかし禅海は里人の態度の変化など無関心にただ黙々と槌をふるいつづける。それはもう人間の姿でなくただ執念だけで動く幽鬼の姿であった。

人間の念力ほど怖しいものはない。絶対不可能と思われたこの難事業も、あと数年経てば貫通しそうに思われたとき、父の敵を捜して諸国を巡廻していた中川実之助が彼の前に現われたのである。

彼は里人から禅海の話をきいて、捜し求める福原市九郎にちがいないと考えた。里人たちはいった、あの坊さんがあの岩を穿ちはじめてからもう二十五年になる。人間は普通じゃそんなに辛抱できるものじゃない、きっと背負いきれぬ悪業を背負った坊さんにちがいない。その悪業消滅のためにああしてござらっしゃるにちがいない、その証拠に一槌毎に称号をとなえてござらっしゃる、過去にどんな悪業を重ねたものでもあそこまでいけばもう仏さまじゃ、生仏さまじゃ、生仏さまが諸人助けのために生身を削ってござらっしゃるのをわしらもただ見ているわけにはいかない、野良仕事が暇になったら助勢に行かねばならぬと話していますだ。

しかし実之助には、禅海が捜しもとめる父の敵なら、たとえ生仏さまであろうと弘法大師であろうと討たないわけには行かない。彼はようやく掴んだ敵の手がかりに胸躍らせながら現場へ急ぐ。杣道をたどってその杣道の行手をさえぎる絶壁の上にそそり立つ岩の裾に、人の住むとは考えられぬ草ぶきの小屋が今にも倒れそうに傾いて見える。言葉もかけず垂らした莚戸をすこし上げて内を窺いたが人の気配がない。彼はそこを離れて岩に近づき声を立てんぼかりに驚いた。まるで傍然と立ちはだかっている巨岩のど真中を悠々と人馬が通れるほど大きな横穴をうがってある。

うがち進めた穴は深く、耳をすますと遠い奥から槌の音がかすかにきこえてくる。

実之助は穴に入った。足許にはうがった岩片がうず高く散乱している。ところどころに採光のための穴までうがってある。奥は深い、これが鏨一本槌一丁でなされた人間の作業であろうか、槌の音がだんだんはっきりしてくる。前面の薄暗さの中に人の動く影が浮ぶ。坐りこんで岩をうがつ禅海の後姿だった。実之助は無言でその背後に立ったままその姿をみつめていたが、やがて禅海殿！　と呼んでみた。が、なんの反応もなかった。彼は深々と息を吸いこんで、禅海とは世を忍ぶ假の名で、まことは福原市九郎であろう！　話しかけるような口調だったが声はしだいに高くなっていた。徐ろにまさに徐ろに槌の音が止まった。そして禅海は坐ったままにじるように体をこちらに向けた。実之助は驚いた、文字通り骸骨に皮膚をおおっただけである。そしてその皮膚も死んでいた。枯葉のように筋ばかりで生色はどこにもなかった。旦那さまの忘れ形見実之助さんだね！　咳くような声が歯のない口からもれた。それを知っている以上市九郎に決まった！

と声高になり、二十年に及ぶ艱難苦労を言葉短かにたたきつけ、父の敵尋常に勝負せよ！　と追った。禪海はぼそぼそとした嗄れ声で、今日のくるのを待っていた、逃げもかくれもせぬ、逃げようにももう足腰立たぬ、旦那の忘れ形身のあなたを一目見て討たれたいが目も見えぬ。さあ討って下され、旦那さまの處へ行ってお詫びしましょうと坐り直す。実之助はあまりに意外な敵のようすに刀も抜きかねて当惑しているところに、名主を先頭に数人の里人が駆けつけて、事情をきき、心願の大事業もあと数年で完成する。それまで生神さまの体をわしらに預けてくれ、わしらも明日から村総出で助勢し一日も早く仕事が終るよう努力するからと嘆願する。実之助もそれを拒んでまでここで大望遂げる気にはならなかった。翌日から彼も里人と一しょになって開さくの手伝をやることにもなる。それから三年、禪海がはじめて大悲願の鑿を巨岩に打込んでから実に三十年目、青村の洞門は貫通するが、禪海と行動を供にした三年の歳月で、実之助の敵に対する怨みは消えて、敵討のむなしさを悟り、禪海、里人たちと父の大法会を洞門で行ない江戸へ帰る。禪海は小庵を結んで住んでいたが、幾何もなく八十八歳の天寿を完うしてこの地で死んだという――。

これはこの地方に残る伝説で、菊池寛の名作『恩讐の彼方へ』もこの伝説をそのまま筋書にしている。敵討はともあれ禪海という旅僧がこの地に留まって洞門を開さくしたことは史実で、時代は享保（一七一六～三六）の頃だったらしく、旅僧が鑿をふるったのは四十歳から八十歳に近い年齢までだったと考えられる。

だがこの美しい史実的伝説もかなり脚色されていると思われるふしがある。この華かな伝説の蔭にかくれて世間の耳を集めることはないが、この伝説に少々水をさすような別の伝説も残っている。それは人力のかぎりを盡して、前代未聞の大事業を完成した禪海は、洞門の入口に番小屋をつくりそれに住んで、通行する里人から一人四文、牛馬は八文の通行税を取った。里人は貧しい、これでかつては生仏さまとあがめられた禪海の人気もがた落して晩年は売僧めと蔭口されたという。死後彼の貯えた金は百両にも達していて、里人はこれを羅漢寺（本耶馬渓村）におさめて供養費にしたという。禅海が歿したのは安永三年（一七七四）八月二十四日で、墓は羅漢寺の禅海堂にある。ここには彼が開さくに使用したというノミ、ツチ、玄能なども残ってる。

これと同じような話が『窓のすさみ』にも載っている。これは原文を読んでもらおう。

萩原源兵衛と云ふ官府の士、奴僕《ぬぼく》罪ある由にて、刺し殺しけり。その奴《やつこ》の兄なる男ありけり。いかに主なればとて、弟をあへなく殺されたる、その怨むくうべしとて、其家の奴となりけり。萩原早く見知りけるが、さらぬ體《てい》にて、槍を持たする奴と定めて、出入《いでいり》に供しつつ、五年を經しが、終にあやしき事も無かりけり。さて有りて、かの奴、此春は暇給ふべし、と云ふに萩原云ふやう、年久しくつかひて、常に怠らず勤めぬれば、猶もあれかしと思ふに、何とてさは云ふぞ、直に聞ゆべしとて呼びければ、刀を脱し、身を改めて出でつゝ云ふやう、されば弟を殺され申しつる故、怨み申すべき心得にて、五年以來仕へ候が、主君の威光、さすが思ひよるべきよすがなく、且は殊更に憐み給はり、かた〴〵恨み申さん心うせはて候、此上は世を捨てゝ法師とならんと存じ候とて、卽ち髪を切り、涙を流して申しければ、奇特《きとく》なる心入《こころいり》なり、とくより汝が心を知りぬるぞかし、その申す所も聞き届けぬ、さらば衣《ころも》にても調ぜよとて金を与へて遺しけるとぞ。――

平和がつづくと武士も事なかれ主義になった。昔は槍一筋で一国一城の主にもなった。いまはそんなこと望むべくもない。事を起して禄にでも離れようものなら終生浪人で終らねばならぬ。じぶんだけなら辛抱できても家族のことを思うとどんなに腹が立ってもうっかり刀など抜けない。浅野長矩ももうちょっと歳をとっていたら松の廊下の刃傷はなかったかもしれない。

徳川時代も寛永の頃までは慶長元和の武士気風が残っていて、何かといえばすぐ刀をひねくりまわして決着をつけようとした。そしてそれが武士のたてまえであり本分であった。が、中期以後になるとそんな原始的たてまえや本分など色あせて、話しあいで穏かに解決しようという気運になった。いまから考えるとまことに結構なそうあらねばならぬことだが、元亀天正の古武士から見れば女々しい武士にあるまじき行為であるにちがいない。

いつの時代にも反動はいるものだ。彼等は過去の武士道を持ち出し、しきりに謳歌して時勢に染った武士たちに警告を発する。これが当時あちこちに著された武士道書で佐賀の『葉隠論語』などその代表的なものである。しかし人間は過去に生きているのでもなく未来に生きているのでもない。現在の空気を吸って生活しなければならぬ、彼等がどれほど過去の武士道を声を高くして宣伝しても一般はただ観念でこれをうけ止めるだけであった。

その頃になると敵討が成立する事件が起きても、談合で事を穏便におさめようとするふうが生じた。敵討の成立する死は前述したように不慮の死であるから、双方談合で不慮の死でない過失とか、おたがい了解の上の果し合にしたりして事をすましたものである。中期以後武士の敵討が激減したのもそんなところにも原因がある。

こんな談合がならなかった場合でも、なかなか敵討に出かけなかった例もある。

熊本の細川越中守の家来が同藩の士に殺され、下手人は逃亡した。当然被害者の遺族から敵討お暇願が出されねばならぬのに一向に出ないので、重臣が藩主にどうしたものであろうと伺いを立て、殿様が親の敵も討たぬ不届者を譴責した記録であるが、文献が手許にないので掲げることの出来ないのが残念である。

ここに挙げた話のほかに、敵にめぐりあえず討たなかった話、途中で嫌気がさし目的を放棄して討たなかった話などあるにちがいないが筆者はその材料を持たぬ。

一三　庶民の敵討

元禄十五年（一七〇二）赤穂浪士の敵討があった。これはこれまでかつてない大敵討で世間は湧いた。敵討の人気は頂点に達したといってよい。それにもかかわらずこれを境に武士の敵討は激減する。元禄十五年といえば徳川幕府創立後百年目である、徳川幕府の生命は二百六十余年だからちょうど中期にあたっている。どうして武士階級の敵討が激減したかについてはすでに述べたからここでは触れないが、これによって敵討全体が激減したかといえば必ずしもそうでない。武士の敵討に代って庶民の敵討が急激に盛んになったのである。

もちろんこれまでにも庶民の間の敵討がないわけではなかった。敵討は人間至情の発露である、庶民とて人間であることには変りはない。彼等も彼等なりに至情の発露はやったものの武士階級ほど敵討思想も徹底していなかったし、やりかたも地味だったので、数も少なかったし、世間の耳目を集めるということも稀だった。

徳川時代も享保あたりになると、これまで公家や武士といった特権階級だけが専有していた学問が、漸次庶民の間にも及んできて、学問は文字を教えるだけなく人倫の道も教える。人倫の道を知るとこれまで人情だけで憎んでいた仇敵が、人道上からも許せなくなる。これが庶民の敵討を盛んにしたともいわれるが、これが原因の総てではあるまい。

もっともこれも学問の普及に大いに関係があるが、いわゆる庶民文化の興隆である。庶民文化といえば浄瑠璃や芝居、講談読物などがその主なるものになるが、これらが盛んに敵討の悲壮な美しさ格好のよさを強調し、庶民の魂を揺さぶる。しぜん俺もいっちょうやるかという気持になる。たまたま実地に町人の敵討でも起ろうものなら、やんや拍手を送る。それがますます敵討を煽動する。

もともと敵討が公認されていたのは武士階級だけで、庶民の敵討は公認されていない。これは武士は一人前で自分の事は自分で解決する能力を持っているが、庶民はその能力がないから敵討に限らずすべてお上で解決してやるといった庶民保護の観念からきているもので、敵討を必ずしも禁止しているものではなかった。いうならすすめもしなければ罰しもしない態度であったが、時勢の変化と共に武士たちが現実的になり、苦労だけが多く割のあわない敵討など敬遠するようになると、庶民の敵討まで必要とする。

大体以上のような理由から庶民の間に敵討が多くなったと考えてよかろう。

一概に庶民といっても農工商三民、別の分けかたすれば町人、百姓、やくざなど種々あるし、職業も雑多で、それぞれによって敵討の様相、色彩もちがうが、特異性のある例を二、三挙げてみよう。

『一話一言』天明三卯年江戸牛込行元寺敵討

「下總國相馬郡早尾村百姓富吉、敵討之節懐中書付三通寫（天明三年癸卯十月、江戸牛込行元寺中にて敵討留申候、）

乍レ恐以二書付一申上候口上之覺

松平一學知行所下總國相馬郡早尾村百姓富吉心願之意趣、左に申上候、名主八右衛門組下、

一私村方氏神文間大明神祭礼として、毎年九月十五日神事御座候、（中略）父儀深手負申候、右ニ付村役人中へ立會之上、私母親類共一同、御公邊へ御願可二申上一奉レ存候所、同村寺院布川村寺院方

為二取扱一被二相掛一候、（中略）甚内に出家為レ致、永く庄藏菩提為二相弔一可レ申候旨、夫にて思ひ明らめ、内濟仕候様に達て取扱被レ申候得共、存命之程も不二相知一手疵故、是非御願申上度奉レ存候得共、女之儀ゆへ恐入、母親類共一同無レ據取扱之衆へ挨拶仕候處、無二間も一父儀相果候に付、甚内儀、布川村來見寺為レ致二出家一、及二内濟一候、然るに漸々四五ヶ月計寺に罷在、早々出奔行衛不二相知一罷在候處、私義幼年に及レ承罷在候、然る上者右内濟契約之通致二出家一罷在候得者、毛頭申分無二御座一候得共、出奔還俗仕、其後致二帯刀一、國元へ罷越、隣村にて私共甚無二甲斐一者之様に、種々雜言廣言申候由、後日に承候間、致二出家一亡父之無跡相弔候と申偽一件相濟、契約を變じ候儀、私共見侮候仕方、父者欺し打同前之儀に、重々口惜奉レ存、何卒尋逢日比之鬱憤晴し度、所々相尋候、然る上は何國何方にても甚内に出會次第、亡父之敵討致度心願に御座候得共、御上様へ対恐入候儀に奉レ存候間、甚内見掛り候はゞ、住居見届早速御注進可二申上一、心底に者御座候得共、理不盡成者故、其砌に至り如何相成可レ申哉難レ計、若又及二刃傷にも一候事御座候て、首尾能相打留め候はゞ口上を以趣意可二申上一候得共、萬一返討に相成候歟、又者相死仕候はゞ、如何之始末候哉、難二相分一儀も可レ有二御座一奉レ存候に付、乍レ恐書付懐中仕罷在候、何分にも御慈悲御憐愍奉二願上一候、以上」

これは天明三年（一七八三）江戸牛込行元寺で父の敵を討留めた下総相馬郡の百姓富吉が懐中していた口上書であるが、当時百姓の敵討の様相をいろいろ示している貴重文献である。

村の鎮守の祭礼の日父親が甚内という者から深手を負わされた。原因はこの文章ではよく判らないが別に意趣意恨あってのこととは考えられない。たまたま起った口論からだったようである。そこで公辺に訴えようとしたが、村のお寺や村方衆の仲裁で、負傷の父もまだ生きていることだし、甚内を出家させることで話がつき内済ですました。ところがまもなく父はその傷がもとで死に、甚内は寺に四、五ヶ月ばかりいて出奔してしまった。相手が誓約を破り還俗し、刀をさしてこれは恐らくやくざにでもなったのであろう——あまつさえじぶんたちを敵も討てない不甲斐なき者と悪態ついている由で口惜しい限りである。この上は何処まで行っても敵を捜し出し、出会い次第討留めたいが、これではお上に対し恐入ることだから、敵の在所を突き止め次第お上に注進するつもりだが、粗手が相手だからその場で斬り合いにならぬともしれぬし、首尾よく打果せば口上で申上げますが、返討になったり相討になったりしたときのためこの口上書を常に懐中している。何分とも御慈悲をもって御了承の程を願上げます——というものである。

敵討ときくと世間は拍手喝采するが、近隣縁者はなるべく穏密に内済ですまそうとする傾向がある。これは従来百姓の敵討は大体これで済んでいたことを語っている。

また庶民の敵討は出発に際して許可願は出さない。武士の場合も、あれは敵討そのものの許可願でなくお暇願であるから、百姓は当然その必要がないからである。敵を捜し出した場合もじぶんで討たずお上に届出でお上の処置に従うのが本筋である。しかし敵討に出かけるくらいだからこれは守られなかっただろう。しかし本筋はたてまえであって、それを守らなかったといってお咎めをうけるようなことはなかった。

百姓の敵討は割と多い、そして大がい孝子として褒美をもらう。

『孝義録五十附録』常陸國

親之敵討 水戸殿領分茨城郡大足村 百姓 茂助 三十六歳 明和二年褒美

上野國

親之敵討 松平大和守領分勢多郡二之宮村 百姓 辰之助 二十三歳 寶暦十年褒美

下野國
親之敵討　大田原飛驒守領分　那須郡矢坪村　百姓　與右衛門　三十三歳　寛政二年　褒美

陸奥國
親之敵討　南部慶次郎領分　岩手郡雫石村　百姓　上野長之助　二十五歳　元文五年　褒美

出雲國
親之敵討　松平出羽守領分　仁多上阿井村　百姓　五兵衛　歳不知　元祿五年　褒美
親之敵討　同領　同所　五兵衛弟　三助　歳不知　同時　褒美
親之敵討　同領　同所　同　七兵衛　歳不知　同時　褒美

寛政十二年庚申十月九日半時敵討口書　徳力貫藏　二十八歳

淺草御藏前片町札差
伊勢屋幾次郎召仕中働
長松事　喜兵衛
四十二歳

右貫藏儀、松平陸奥守領分奥州名取郡仙台領北方根岸村長町五右衛門借家善助悴にて、父は十五歳之節病死、十ヶ年已前寛政三亥年まで、母と兩人にて小商賣致居候へ共、手廻り不レ申候間、母相談之上、同國宮城郡小泉村杉の下百姓七三郎悴長松、同年十一月中看抱人に賴相稼候処、大酒にて身持不レ宜、身上も難二相續一、八年已前二月下旬、長松へ母申渡し候は、不如意に相成候間、外へ稼付候様申聞差置候処、四五日過、同月二十四日之夜臥し罷在候へば、八つ半過と覚しく、母うなり聲致し候間、驚き目覺見候処、母を右之方耳より頬へ掛け切付、長松儀は逃去り候、駈付候へ共、暗夜にて見失ひ、母は相果候間、右之段領主へ相屆け検使濟、其後家内取調べ候へば、賣溜金十両紛失金取逃仕り候、依レ之其節より敵討可レ申存念に候へ共、在方之儀故、相分り不レ申候処、御當地へ参り居候よし承、當三月下旬、私儀も御當地へ罷出、藥研堀埋地に罷在候、劍術指南大越主税儀は、知人に付便り参り、右櫛淵弥兵衛方へ申込内弟子に相成、劍術指南請、長松行衛諸所相尋罷在、今日弥兵衛悴弥司馬へ相斷、淺草觀音へ参詣仕罷歸り候途中、今夕七つ半時頃、同所御藏前片町往還にて敵長松見當、捕御役所へ召連可レ申と存候内、振放し逃去り候様子に付、拔打に仕、止めは刺不レ申候へ共、長松儀は、相果申候、〇下略

これは町人の敵討である。敵討のためにわざわざ剣術を学んでいる。が、こんな例は他にも多い。

これも直接じぶんで手をくださずお役所に連行しようとしたが、振りきって逃げようとしたから抜打に仕止めた、止めは刺さなかったが相果てたといっている。恐らくこれは本筋を守らなかったたいい訳だろう。

注

(1) 元禄十二年二月、佐賀藩加判家老深堀(長崎縣西彼杵郡)鍋島官左衛門の家来深堀三右衛門、志波原武右衛門の二人が長崎町年寄高木彦右衛門の中間惣内と長崎市中で喧嘩し、惣内を殴打したことから高木の家來十数人が深堀屋敷に押かけ大格斗になった。多勢に無勢無惨に敗北した二人は急を深堀の自宅に報らせたので両家の者十人が四里の道を長崎にかけつけ、三右衛門、武右衛門と共に高木邸を襲撃し、高木をはじめその家來多数を斬殺し、深堀三右衛門はその場で切腹、志波原武右衛門は引揚の途中橋の上で「身共は鍋島の家來志波原武右衛門と申す

者だ。夜討に寄せて只今高木彦右衛門を討取り家來共を切捨て本望遂げたから、今腹を切って見參に入れる」と呼ばわり、脇腹に刀を突立て、矢聲もろとも一文字に引廻すところを多比良與左衛門が介錯し、一同五島町の邸に引揚げた。この事件が江戸に聞え、最初駆けつけて高木邸に討入った十人は切腹、事すんでからけ駆つけた九人も遠流に處せられた。赤穂浪士の義擧に先立つこと三年で、これを『深堀敵討』『深堀騒動』といっている。赤穂の大石良雄は吉良邸に討入るにあたって、この騒動を研究し参考にしたと伝えられている。

忠孝仇討鏡

大關 元祿年中 赤穗義士仇討
關脇 慶長年中 天下茶屋仇討
小結 天正年中 彦山毛谷村仇討
前頭 正保年中 合邦ヶ辻仇討
前頭 寛永年中 越中皿々越仇討
前頭 寛永年中 鏡 山 仇討
前頭 享保年中 夏目四郎三郎仇討
前頭 正保年中 臼井本覺仇討
前頭 寛永年中 長崎丸山仇討

前頭 寛永 細川血達磨
同 元文 郡山非人仇討
同 享保 越後木津川仇討
同 享保 和州貴俗撰
同 元祿 福島天神森
同 寶永 伊豫燒山仇討
同 元和 福島雲井仇討
同 寶永 金井民五郎仇討
同 延寶 酒大法師仇討
同 寶永 神通川仇討
同 天文 西國順禮仇討
同 永祿 都部新十郎
同 天文 越後村山仇討

前頭 元延 遠州掛川仇討
同 天文 淨瑠璃坂仇討
同 寛永 越前敦賀仇討
同 延寶 越後高田仇討
同 元和 高松民部介仇討
同 永祿 丹州柏原仇討
同 天保 下總絹川仇討
同 寶暦 西國多賀仇
同 萬治 勢州長野仇
同 天保 下總木津村仇
同 天文 越後厚狭郡仇
同 文政 淺草天王橋仇
同 同 四ッ谷仇討

前頭 寶永 奥州岩沼仇
同 天保 相州小田原仇
同 文化 護持院原仇討
同 天保 飯倉仇討
同 同 下谷仇討

右ハ往古ヨリ今代ニ
至ル荒増ヲ相記覽備

行司
天文中 虎千代丸仇討
建久中 曾我兄弟仇討
文祿中 伊達正宗仇討

明暦 武道白山津山
永祿 藝州廣島仇討
正保 松前屋五郎兵衞

勸進元
天正中 山崎敵討

大關 寛永年中 伊賀上野仇討
關脇 慶長年中 宮本武藏仇討
小結 文祿年中 箱根權現仇討
前頭 正德年中 崇禪寺馬場仇討
前頭 寛永年中 民谷金毘羅仇討
前頭 正保年中 奥州白石仇討
前頭 承應年中 名古屋山三仇討
前頭 元祿年中 勢州龜山仇討
前頭 寛永年中 荒川武勇傳

前頭 元祿 高田馬場仇討
同 同 龜山仇討
同 享保 岩井善之丞仇
同 寛永 西方孝子傳
同 寶暦 成田山利生仇討
同 正保 京御堂前仇討
同 寛永 和州隅田川仇討
同 明暦 兩面藤三郎
同 正保 源藤左二右衞門
同 元文 岩井實記
同 寛永 備中松山仇討
同 同 喧嘩屋五郎兵衞
同 同 羽州山形仇討

前頭 永祿 甲州府中仇討
同 貞享 江州水口仇討
同 元祿 鶴岡喜左衞門
同 寶永 目黑行人坂仇
同 文政 讃州丸龜仇討
同 正保 大坂嶋内仇討
同 延寶 二本堤仇討
同 文政 水戸岩井町仇
同 天明 牛込神樂坂仇
同 享和 新大橋仇討
同 正保 筑前福岡仇
同 享保 伊豆下田仇
同 元祿 奥州松前仇

前頭 明暦 豊後森仇
同 享保 神田須田町仇
同 明和 伏見今町仇
同 天保 護持院原仇討
同 文政 王子奥渡仇
同 寶暦 石川民部仇

追々近刻之上出板仕

第六章　明治の敵討

一　激動期の敵討

明治に入ってからもかなりの件数の敵討が記録されている。

もっとも敵討禁止令が公布されたのは明治六年二月七日で、それまでは新政府も旧来の慣例を踏襲して、「祖父母殴タレ死ニ至リ、因テ行兇人ヲ殺スハ無論（假刑律）」ではあったが、反面禁止への準備は着々と進められていた。

禁止に至るまでの重なる敵討を拾ってみると、明治二年、陸中江刺郡人首村の百姓幸治兄弟の父の敵討、同年房州縮波太村の漁夫飯高兄弟の父の敵討、三年には水戸家住谷兄弟の父の敵討、四年になって、加賀前田家の本多政得等が、主人本多政均の敵、菅野輔吉等を討ち、同年、播州赤穂の村上行蔵等が父真輔の敵、山下鋭三郎を討っている。

これら明治になってからの敵討も原点では従来の死に報ゆるに死を以てする本質にいささかの相違はないが、具体的事情になると、幕末維新の激動期を背景にしているだけにその影響が大きい、そしてそれは武士の敵討の場合特に顕著である。その最もよい例が住谷兄弟の敵討である。

二　筋違見附の敵討

この敵討は〈筋違いの敵討〉として有名であるが、べつに敵討そのものが筋を違えていたという意味のものではない。戦前まであった万世橋の近くに筋違見附という見附があって、筋違橋が架っていた。これを渡ると神田旅籠町、この辺を筋違外と称していたが、この地で行われた敵討だったのでそう呼ばれたものである。時は明治三年二月二十四日の夜、場所をもうすこし正確にいえば神田旅籠町三丁目料理店「蛇の目」近くで、水戸藩士住谷七之允、同忠次郎兄弟が父の敵、高知藩山本旗郎を討取った事件である。

兄弟の父は住谷寅之助といって幕末の志士。水戸と長州の提携や坂下門の変の計画など華々しい活動をしていたが、慶応三年六月十三日京都松原河原で暗殺された。この混乱期に暗殺者を捜し出して敵を討つことは容易なことではない。肥後の河上彦斎に暗殺されたといわれる信州の佐久間象山の遺児など、伯父勝海舟の後援で下手人の証拠を握り父の怨を報ぜんと奔走したが、ついに果すことが出来なかった。海舟のような実力者が背後にあってもこうである。しかし七之允兄弟は動かぬ証拠を掴みついに目的を達したのである。その間の兄弟の苦心はいうまでもあるまいが、その間に京の芸妓伊勢屋のおくまとの色模様などあって、世間の興味をたかめ、草双子になったり、物語本、実話本などの出版になったりしている。

この敵討にはさいわい兄弟が弾正台の取調にあたって答えた申立書や、その他関係記録なども残っているから、雄山閣『歴史公論』第五巻第十二号より引用して左に掲げておく。

私儀、元水戸藩ニ御座候處、先年亡父寅之助、水戸家ニテ君側相勤、兵隊百五十人之長ヲ被申付京師へ相登リ、一橋警衛相勤、私儀部屋住ニテ烈公床几廻リ相勤、同様京師詰、弟儀ハ亡父召連レ相登リ、同所ニテ寄合隊被申付相勤罷在候處、去ル卯年六月十三日夜五ツ時頃、亡父儀西京松原河原ニ於テ深手ヲ負ヒ斃居候趣承リ、家來共駈付候處其場ニ遺骸無之、何者ニ候哉引取人松本權十郎ト名乘リ町役共寄合居候松原橋詰篠原ト申方ニ立寄リ人足相雇引取候趣ニテ、遺骸ハ水戸藩下陣本國寺近所へ持參致置候得共、大小並懐中物都テ無之、七之允駈付候得共敵何者共不相分候ニ付、松原河原へ罷越相糺候内、涼場邊舊幕府方ヨリ差出置候非人傘屋ト申者、其場之始末見届居候趣ニ付穿議仕候處、斬候者ト遺骸引取人トハ屹度相違仕居候様申聞候。斬候者容體、布羽織、白小倉袴、刀朱鞘ベニガラノ様ナル色、背高キ方、外ニ一人連ト思シキ者ハ羽織袴前同斷、刀朱鞘中脊ニ候、右之者宮川町邊ヨリ抜身ヲ携ゲ跡ヨリ付參リ、河原橋通行之砌後ロヨリ無言ニテ切付、共儘西へ逃去候。言語容貌髪之結様、無相違土州人ト見受候由申聞候。松原河原出張木屋町年寄ヨリ承屆候ハ、松本權十郎容體脊高キ方、顔ニ痘ノ痕アリ、着服紋付袴羽織無之、刀褐色鞘、言葉東國ナマリ之由ニ付、右之始末遺骸持參ノ人足ニ相糺候處、本國寺附近迄參候節ハ大小懐中物等其儘有之候、其後何者奪取候哉存不申旨申聞候、忠次郎ハ其砌用向有之岡山表へ罷越居、途中ニテ右始末承リ候ニ付、十六日歸京尽仕候、不堪遺恨。兩人共晝夜手懸リ相糺候得共實説突留不申候ニ付、七月中旬復讐之志願申立候儘、水戸藩下陣本國寺ヲ立出、伏見街道邊ニ潜居致シ、脱刀探索仕居候、九月中旬ヨリ七之允ハ攝州廣瀬村水無瀬家人足部屋ニ肩入レ、宮川町邊ニ罷在申候。忠次郎ハ土州藩掃除部屋ニ入込罷在候、辰年春兄弟共兩家ヲ辭シ帶刀仕居候。四月頃ヨリ松原河原納涼相始リ候間、噂聞ニ罷出居五月中旬宮川町伊勢熊ト申婦人申聞候ニハ、昨夜鞘町親類方へ參リ候處、同町近江屋源三郎ト申者爲居合、其噺シニ、昨年祇園祭前夜松原河原ニテ水人ヲ斬候ハ我方へ被致出入候土州藩士山本旗郎ト申人也、我所業迚直ニ話有之候旨申聞候由婦人ヨリ直ニ承リ候ニ付、山本旗郎、容體源三郎ニ承リ候處、脊高キ方、布羽織白小倉袴刀朱鞘自分塗ニテベニガラノ様ニ見エ候由承リ候、又元研師魚ノ棚松本定次郎ト申者、卯年六月十四日山本ニ逢候處、急ニ刀ヲ研呉候様被申候ニ付、刀一見仕候處、刃ヒケ血ツキ切先缺居申候、尤十二日ニモ右刀見セラレ候其節ハ無疵ニ有之候旨定次郎ヨリ承候其後山本ハ大阪ヘ下リ候ニ付追掛候得共最早歸國仕候由、尤不遠上京可致申置候趣ニ付、大阪ニテ山本下宿ニ仕居候西口ニテ佛具屋及ビ土州宿割津屋兩家ヘ立入居候ハバ山本ノ進退相分リ可申ト存、其後七之允ハ川口人足部屋ニ肩入レ、兩家ヘ時々罷越シ居リ申候。忠次郎ハ西京ニテ土州藩邸内探索仕居候。巳年ニ相成候得共音信無之候間、若東京ヘ罷出候事ニ有之間敷哉ト存、私共モ東京ヘ罷越候處、二月下旬ヨリ七之允大病相艱ミ忠次郎モ其儘西京滞在罷在、九月上旬ニ至リ七之允病氣快方ニ趣候間、忠次郎東京ヘ罷越申候、七之允ハ信州ノ野口庄三郎ト申者土州材木切出居候由ニ付、右手代ト僞リ十月上旬土州ヘ下リ、十一月下旬高知表ヘ罷出山本ヲ相尋候處、旗郎ハ去ル十一日急ニ東京ヘ罷登リ候趣旗郎父與惣衞門ト申者ニ面會、旗郎ヘ之書狀ヲ預リ、十二月十七日土州野根浦出帆、西京ヘ立寄リ、當午正月十日御當地ヘ罷越、同二十九日土州邸ヘ罷越シ、山本ニ面會同道ニテ他行仕リ父與惣備門ノ書狀並ニ京都鞘町近江屋源三郎ノ僞書兩通相渡申候

〈源三郎偽書ノ寫〉

内々申上候、卯年祇園祭前夜松原河原之一條、事六ケ敷相成リ、切候事ヨリモ、紛失之品吟味強ク有之、被切候人之紙入之内ニ、大阪加島屋ヨリ金子取引之證文入置、其儘致候趣ニテ加島屋迷惑シ居候由。夫ニ付切候人ハ旦郎樣故、紛失之品迄モ御存ニ候乎迚、私方迄兩度モ手先被參、糺有之候次第、切候事ハ心配有之間敷候得共、萬一紛失之品御手許ニ有之候樣之事ニテハ此上心配ニ候間、右品有無御尋申上候、此段内々爲御知申上度態々申上候。

右返書二月四日ニ西京ヘ指出可申候間、認置候樣約束仕置候、二月四日七之允山本ヘ罷越同道他行、源

三郎へノ返書請取申候。

〈右返書寫〉

一筆致啓上候。先々皆々様被成御揃、愈御安靜ニ御暮、愛度珍重之御事ニ候。次ニ拙者儀無事ニ暮居候間御承知可被下候。然者此度御懇書被下忝存候、殊ニ國許へ迄、御直爲持被下候處、折柄拙者東京詰場合不都合ニ存候。亦々東京へ迄爲御持被下之所、二月朔日於東京慥ニ受取拜見仕候處、御文面之意味逐一承知致候間、必以御心配被下間敷御安心可被成候、拙儀近來ハ上京モ得致不申、御尋モ不申候處、眞平御免可被下候。承候得ハ此節ハ御宅替ニテ商業盛ニ御暮之御趣、至極結構千萬之御事ト相悦居申候、尚亦千客萬來繁榮ニ御移可被成存候。先ハ取込右御禮返答迄以書中如此ニ御座候。右返書請取候節、山本へ御斬リ被成候儀ト紛失品物之有無ト別ニ認被申候樣申聞候處。旗郎申候ニハ、書中ニハ認兼候得共、此後縱ヒ如何樣ノ儀有之トモ源三郎へ難儀ハ相懸不申候間、此方ヨリ騷立申間敷、又紛失之品ハ一切不存旨源三郎へ申伝候樣トノ言重々申シ、書面ハ書直シ不申候。猶又松原河原之始末明細ニ相述、眞ニ松原河原ニテ水人ヲ斬候儀ハ旦那樣ニ候哉ト屹度相尋候處、山本被申候ニハ實ニ品物抔ハ不存候得共松原河原ニテ水人ヲ斬候事ハ覺居候旨返答慥ニ承屆申候間又殺害之節連ハ何者ニ候哉ト姓名相尋候得ハ話ハ止ニ可致ト申聞、其後更ニ相話不申候。依テ九日ニ他出同行ヲ約シ罷歸候。九日約束之通罷越候處、不計モ七日ニ土州ヨリ急便到來、旗郎父病死致候ニ付忌ヲ受引込候由申聞候間、無據後日ヲ約シ空敷引取申候。尤七之允ハ野口庄三郎手代ノ者ノ譯ニテ面會致シ居候事ニテ、此度東京へ罷越候儀ハ、實ハ大阪ヨリ積參リ候材木之儀ニ付彼是内輪ノ混雜致居候譯合委細ニ申談ジ、若話埒不明不申候節ハ野口方へ越罷口ヲ聞呉様其砌相談仕置申候、其後再三度罷越、二十三日罷越候節、昨日材木着船仕候間、明晩ハ一応野口方へ立越呉候様外神田旅籠町三丁目蛇ノ目ト申料理屋方ニテ待受候筈約束仕置、二十四日門前へ參リ、以書中今晩出會之約ヲ堅ク取極置申候。山本ハ忌中ニテ素ヨリ外出不相成、塀ヲ越候トカ申シ駕籠ニ乗リ、其夜五ツ時前、右蛇ノ目方へ參申候。兼テ筋違見附ニテ場所相極置、忠次郎ハ其場ニテ待居申候、駕籠之者蛇ノ目へ留置、七之允同道ニテ右場所へ參リ候節、忠次郎松原河原親之讐山本旗郎ト名乗懸候得バ、返答致シ忽チ抜刀、忠次郎抜付テ立合候内、七之允ハ町人體ニ候間、懐中仕居候短刀ヲ以テ、乍突組付、終ニ兄弟ニテ討果復讐仕候、其節刑部省逮部之方御通リ掛リニテ相控候様御申聞ニ付、父之復讐ニ候間御見屆被下度申述、首ヲ打御台へ罷出候旨申上候。其レヨリ死體其儘首級持参仕候。尤刀並懐中物等一切手ヲ付ケ不申其儘致置候、御尋問ニ付、右件々申立候相違無御座候、此段申上候、以上。

明治三年午二月

住谷七之允
花押
住谷忠次郎
花押

そこで水戸藩へ照会したるに、

右七之允忠次郎儀ハ當藩士族ニ相違無之候處、去ル慶應三卯年中父寅之介京都松原通ニ於テ暗殺被致候節復讐之志願ニテ暇之儀本藩へ申立其儘他行致候後形跡不相分罷在候者ニ有之ということであり、高知藩への照合には、山本旗郎は四等士族にて、兵隊として明治二年十一月より東京詰のものであり「見知之者召連立越候處、首級無之候得共右之者死體に相違無御座」ということで孝子の敵討とわかり、住谷兄弟は罪を問わず水戸藩へ預けられた。

この敵討が評判となり、伊勢熊という婦人は敵討の手懸りを知らした殊勲者として京都府から表彰された。

下京二十六ノ組新宮川筋松原下ル西御門町

芸　妓　伊勢屋くま

年二十三年

右之者事、知人水戸藩住谷七之允並同人弟同姓忠次郎、去ル秋、中間ノ風俗ニ而法被着之體ヲ見受、子細相尋候處、同年六月十三日夜、父同姓寅之介事、加茂川筋ニ而暗殺ニ逢、難堪憤怒復報仇探索之爲メノ由密話承候ニ付、初而變體難苦之情實ヲ痛察シ、折柄同人ヨリ渡世柄ニ付、所々へ罷出候事ニ候間、復讐之便候ハバ爲聞呉候樣心底ヲ見込依頼候處深ク承引致シ、百方苦慮中、翌辰年、確證之手懸ヲ得、早速爲知候ヨリ、右住谷兄弟、當二月二十四日夜於東京、讐人山本旗郎ヲ首尾克討果シ、多年之志願ヲ相達候次第ニ至候。右ハくま當時ノ業態ニ罷在其心事義侠ヲ存候段、甚ダ可感仍之爲褒美トシテ帯地一巻遣之事

庚午八月

京都府

山本の住谷殺害動機に關しては、

山本旗郎は高知城下潮江の人、其の實家は香美郡野市にして、故あり山本家の養子となる。農人町谷脇氏を娶りて一女を生む。人となり軀幹魁偉に武伎に長ず。然も酒を嗜み酔酗の癖あり、前年京都宮川町に飲む。坐に一客あり歸途之を松原に殺害す、實に水戸藩士住谷寅之助であった。（土佐史壇第十五號杜山居士郷土史斷片其二〇）

とある。なんともお粗末な動機である。これでは死んでも死にきれない。

三　明治の忠臣蔵

住谷兄弟の敵討の直接の原因は、幕末維新の動乱を背景とはしているが、相手の酒乱というまことにお粗末なものであったけれども、その翌年起った加賀本多家の本多政得等の主人の敵討になると、これとは比較にならない政治的な理由を持っている。

加賀金沢前田家は百万石の大々名である。その家臣には大名級の一万石以上が八家もあって、その中でも藩執政本多播摩守政均は五万石を領する大身であった。世帯が大きいと転換もなかなか困難で、前田家もぐずぐずしているうちに明治御一新の機運にも乗り遅れてしまった。この遅れを取戻すため執政本多政均は長州の木戸孝允等と通じ大いに藩政の改革をやった。改革には常に反対が生ずるものである。明治二年八月七日、彼は金沢城二の丸廊下で反対派の山辺沖太郎、井口儀平に刺殺された。時に本多三十二歳であった。

この時の刺殺の状況などなかなか立派で、記録によると、その日の朝四ツ時（午前十時）本多が二の丸廊下にさしかかると、前方から通りあわせた山辺沖太郎が足をとめて一礼し、すれちがいざまに忽ち脇差を抜いて本多の脇腹を刺した。本多は何か叫ぼうとするところを、山辺の背後から来た井口義平がこれも一礼し本多の前腹を刺す、本多がよろめいて傍らの長持に倚りかかったところを山辺が額に斬りつけ続いて頚を切った。

山辺と井口は目的を果すとその場に坐って藩吏を待った。騒ぎをききつけて馳せつけた藩士に捕えられ、翌日連累者、多賀賢三郎、松原乙五郎、岡野悌五郎、菅野輔吉、岡山茂、岡野外亀四郎等を捕縛、首謀者の一人土屋茂助は捕縛に先立って自宅で自刃した。

これはなんとも大事件である。幕政時代でもこれだけの事件になると公儀に届け出なければ済まぬ。まして中央集権を着々と進めている新政府である。もちろん加賀藩は届け出る。新政府は弾正台から覓大巡察、大久保少巡察等が属官を従えて出張し取調べに当った。

そのときの犯人たちの陳述、申立、それに対して判決は次の通りであるが、取調べは政府から出張してきた官吏で行われたが、判決は藩庁の名で行われていることに注目ねがいたい。

従五位（本多）儀、大義名分を辨へず洋風を主張し、玩物のみに執着し、其弊害少からず、本朝の重器たる弓剣槍等の術は謂はれなく廃せらるべき趣向に相成居、御大藩の儀に候へば、如何程洋學盛に相成候共、右剣槍等の術は其儘に立置かれ、優良の者を以て、夫々一隊に定め置かれ候得ば、強兵の道も相立可申処、聊も其了解無之洋流をのみ主張し、是が為めに諸士異風を好み柔弱に陥り、驕奢淫佚弥増に相成、右等に付弱國の名を受候様之義も有之実以御國威立ち難く此の如し云々。

本多の弾劾である。かくて取調べは進行し、明治四年二月十四日、下手人二人は切腹、他は左の如く申渡せられた。

士族山邊沖右衛門嫡子

山邊沖太郎

右沖太郎義、去巳八月七日、元執政本多従五位を及殺害、不屆之次第、官邊へ及御達候處、自裁可申付旨被仰出候條、此段申渡也

辛未二月十四日　　藩　廳

士　族

井口義平

右義平儀、巳八月七日、元執政本多従五位を及殺害、不屆之次第、官邊江及御達候處、自裁申付、世襲祿は子孫に可給旨、被仰出候條此儀申渡候也

辛未二月十四日　　藩　廳

士　族

菅野輔吉

右輔吉儀、去巳八月七日、井口義平、山邊沖太郎儀、元執政本多従五位を殺害候事件、致同意、不屆之次第、官邊江及御達候處、禁錮三ヶ年可申付旨、被仰出候條此段申渡候也

辛未二月十四日　　藩　廳

外、多賀賢三郎、岡野悌五郎は各閉門七十日、以下それぞれ處分された。

法治国で遵法精神が徹底していたら事件はこれで落着したわけだが、まだそうはいかなかった。刺客に同情するものは私情によって行われた犯罪ではなく、ひたすら藩を思う精神から発したものだから宥免して欲しいと上書したり、一方殺害された本多の家来百四十人は連署して下手人は主人の敵だから取調がすんだら我々に渡し下げてもらいたい、それがだめなら処刑の斬り手にして欲しいと願い出る。むろん双方とも却下された。

刺客同情派は思いの外判決が軽かったのでこれで納ったが、納らないのは本多の家来たちで、牢を破って犯人を奪い斬殺しようと激昂する者も出てくる。そのうち廃藩置県となり直接下手人ではないが主謀者と目された多賀賢三郎、岡野悌五郎が金沢県庁の役人に登用されると、いよいよ肚に据えかね、これらの者はむろん自宅禁錮中の菅野輔吉、石黒圭三郎を討取ることに決した。もっともこの時点になると本多の旧家臣全部が一団となっていたわけではない、本多政得を首領に同志二十数人となっていた。

かくして時機のくるのを待っていたが、その年（明治四年）の十一月二十三日、県庁出仕の多賀賢三郎が関西九州視察のため出張する時をとらえ、手分けして討取ることになった。

(イ)同日、本多政得、鏑木氏忠、富田愛、吉見為得四名は、県少属になっている岡野悌五郎が退庁する途上を要して討留め、直ちに県庁に自首。

(ロ)西村貞勝、矢野策平、舟木篤好、浅井好近、広田直久、湯口一重六名は、禁錮中の菅野輔吉を自宅に襲い殺害し、首級を扇子の上に置いて、遥かに亡主本多政均の墓所に手向けて県庁に自首。

㈧芝木喜内、藤江高虎の二名は二十四日多賀賢三郎を道中で討果し、
㈡島田伴十郎、上田一二三の二名は東京へ出奔した石黒圭三郎を追跡して東京へ赴いたが、石黒の行衛不明のため自首。

彼等は各自復讐趣旨書を所持していた。その復讐趣意書中の一節に、

（上略）官邉の御大法御刑典、其上段々被仰渡候趣に候得ば、愼て奉畏、少も違背不仕申候。乍故、従五位末期の遺憾の心底難忍、主人を致暗殺候黨與の者共と共に天を戴き罷在候儀は、幾重にも難仕御座候に付、如何にもして復讐を遂げ、聊亡主の寃魂を慰め申度志願に付、岡野悌五郎（管野輔吉 多賀賢三郎）を相果し申候、私共死後御見分の御方、宜しく御達可被下候　以上

これに対し取調の結果、明治五年十一月四日、刑獄寮で、本多、矢野、西村、鏑木、富田、舟木、浅井、吉見、芝木、広田、湯口、藤江等十二名切腹、清水、島田に対しては従犯としてそれぞれ禁錮十年と同三年を仰付られた。

自裁者十二名の遺骸は主家本多家で引取り、亡主政均の墓側に埋葬し、碑を建て姓名と絶命の辞を刻んだ。

旭さして重荷をおろす雪の竹　本多弥一（政得）

梓弓おもひいりにし道なれば峡しきなれどひきはかへさじ　矢野策平

この敵討は明治の忠臣蔵と世間を感激させた。忠臣蔵以上だと評価する者もあった。なるほど討つも討たるるも立派だった。人間の醜さやきたなさなどつゆほどもない、北陸武士の純潔と正気観をそのまま描いたような事件である。こうした賞讃に価する敵討が、長い間公認という慣行の下で行われてきた数多い敵討の最後を飾ったことは幸いというべきであろう。

四　敵討禁止令

明治新政府は明治元年の暫定法規〈仮刑律〉で、従来の公認を踏襲して敵討を公認した。しかしこれはあくまで仮刑律であって改正を前提した刑法であった。新政府の秩序が漸次整い、法権尊重の思想が抬頭してくるに及んで敵討の是非は政府内においても論議されるに至った。

明治元年早くも刑法官判事試補鈴木唯一が、〈刑法ヲ待タズ、私ニ人命ヲ絶ツヲ禁止スルノ儀〉を建議している。この理由書には武士の無礼討を取上げたにとどまり敵討には触れていないが、無礼討も敵討も私刑という、立っている基盤には変りがない。一つが問題になれば他も必然的に問題になってくる。

その年の九月たまたま前述した吉井四郎が父の敵小原彦蔵、小田龍兵衛の死罪太刀取を願い出たことによって、敵討の是非論が表面化し、政府内でも議論が活発になった。

議論は明治六年までつづき、その年の二月七日第三十七号布告をもって敵討禁止令が発せられたのである。この禁止令によって法律の改正も行われ、同年四月二日第四百二十二号布告で、

父祖被殴律、祖父母父母人ニ殺サレ子孫擅ニ行兇人ヲ殺ス者ハ謀殺ヲ以テ論シ斬、其卽時ニ殺死スル者ハ論スルコト勿レ

と改められ、さらに同年六月十三日頒布された〈改正律例〉の〈父祖被殴条例〉に、

第二百三十二條　凡祖父母父母人ニ殺サレ子孫擅ニ行兇人ヲ殺ス者ハ謀殺ヲ以テ論ス、其卽時ニ殺死スル者ハ論スルコト勿レ

と、〈斬〉の一字が削られた。

敵討についての条文が完全に法典から消え、普通の殺人罪として律せられるようになったのは、明治十三年〈刑法〉の頒布からである。こうした過渡期におけるこれにかかわりある記録が一つあるから掲げておく。

第二『憲法類編十七』設樂勇外二人ノ者復讐處刑ノ事

第七十七、六年○明治十一月十日本省伺

元柏崎縣伺、舊高田藩士族新田貞次郎父ニ従テ、同藩士族寺澤七十郎一家三人ヲ殺ス、○中略永牢ニ處セラル、國法既ニ盡セリ、説樂兄弟外祖父ノ爲ニ、之ヲ仇視ス可ラス、○中略七十郎變死ノ後、寺澤氏ハ無罪ニテ斷絶シ、貞次郎ハ放免セラル、此兄弟痛忿ニ堪ズ、千辛萬苦遂ニ之ヲ擅殺スルニ至ル、抑舊幕ノ世ニ在テハ、等親血族ノミナラス、交友知己ノ爲ト雖モ、復讐雪冤ヲ以テ義トナシ、榮トナスノ弊風アリ、因テ維新以降大義名分ノ御皇張アラセラレテヨリ、往々人命ノ重キト、刑典ノ擅ニス可ラサルヲ知ト雖モ、此兄弟ノ如キ事、維新ノ前ニ在テ弊風ニ泥ミ、其心只管讐ノ復セサル可ラサルヲ誤領ス、其情狀大ニ酌量セサル可ラサル者アリ、且改定律頒行ノ前ニ在ルヲ以テ、原律ニ依リ本罪ニ二等ヲ減ジ、閏刑ニ換ヘ、禁錮三年ニ處分可レ致哉、又ハ減等セスシテ處斷可レ致哉、別紙口書并刑案相添、此段御裁下ヲ仰候也。

五　禁止後の敵討

明治六年〈敵討禁止令〉が公布されたときの司法卿は江藤新平であった。明治新政府の法令は大部分この江藤が制定しているが、彼はその翌年郷里佐賀で反政府反乱を起して、じぶんが制定した法律で首を切られ梟木にかけられた。史上この乱を佐賀の乱といっているが、当時この種の反乱が各地に起っている。佐賀の乱につづいて起った熊本神風連の乱、同時に起きた筑前秋月の乱、この秋月の乱は記憶しておいて頂きたい。その他長州の前原一誠の決起、そして最後に明治十年西郷隆盛の西南の役、これら一連の動乱は新政府の鼎の軽重を問う試練であったが、曲りなりにもこれを切り抜けた新政府は、ここではじめてその基礎を確固不動のものにした、といってよい。

西南の役から三年目、すなわち明治十三年十二月十七日、東京京橋区三十間堀三丁目にあった旧筑前秋月藩主黒田子爵邸で、当時すでに世間から忘れかけられていた敵討があった。討人は旧秋月藩士臼井六郎、討たれたのはこれも旧藩士で東京上等裁判所判事一瀬直久だった。

敵討の原因やその他は後廻しにして、まず当日の情況から述べてみよう。

かねて一瀬を父の敵とねらう六郎は、その日も午前十時ころまで上等裁判所の門前にたたずんで一瀬の登庁を待ったが、一瀬は姿を現さない。仕方なく帰りかけたが、一瀬がよく旧藩主黒田子爵邸に囲碁に行くときいたことを思い出し、同邸に行ったら何か手がかりが掴めるかもしれぬと考え、同邸の家扶鵜沼不見人を訪ねた。が、不見人は不在で、その子とその友人藤野房次郎と談話していると、不見人が帰ってきて、当の一瀬が脚気療養のため熱海に行くので挨拶に来たという。六郎は天の助とばかりよろこび、しかしここで斬りかかれば家人に邪魔される恐れがあるので、帰路を襲わんと考えたが、たまたま一瀬が手紙を小使に頼んで出そうと二階から降りてきたので、じぶんも便所に行くふりして部屋を出て、一瀬が階段を昇ろうとする背後に近づいて右手に短刀を抜きもって「父の仇、覚悟……」と叫んで体もろとも突き入った。一瀬は初突きの一突きに深く脇腹をえぐられよろめきながらも「うぬ、小癪な」と叫んで組みつこうとするところを、「父の仇、思い知れ……」と、こんどは胸を刺し、虚空を掴んで倒れた相手に覆いかぶさるようにして止め刺し、血に染った羽織を脱ぎ捨て、素早く同家をとび出し、通りかかった人力車を呼びとめ、第二方面第三分署京橋警察署に自首した。じつに一瞬の出来事で、物音に驚き鵜沼父子が階段下へきたとき、六郎の姿はすでになく、事きれた一瀬が血に染ってうずくまっているだけだった。

この事件は〈敵討禁止令〉が公布以来すっかり影をひそめていたときだけに、忽ち世上の評判になり、討人にたいする喝采と同情が翕然と集まる。旧幕臣系の有名人山岡鉄舟や勝海舟なども六郎の後援者だという噂が高かった。

一方討たれた一瀬にたいしても同情厚意を寄するものも多いし、その多くは旧秋月藩士、裁判官仲間であったが、彼等は、幕末維新当時旧藩内に対立した感情を今日まで持ち越し、一瀬に悪感情を抱く者が、六郎を教唆して起した不当な敵討だとし、黒田子爵家の家扶鵜沼不見人などもその一味で、不見人が手引きしたものだとして、告訴騒ぎにまで発展する始末だった。しかしこの一瀬派にもたしかに一理あって六郎の父が暗殺された当時の藩の情況、またその暗殺によって尖鋭化した秋月藩内の藩士たちの感情の対立など考えあわせると、彼等の推論にも耳を傾けざるを得ぬものがあった。

筑前秋月は同国福岡黒田の支藩で五万石、六郎の父亘理は三百石取りだから小藩にしては上士であった。元来秋月は学問の盛んな土地で御一新前から尊王主義者も多かったが、その割に実践者が少なく、御一新の機運に乗りそこねた観があり、それに憤慨した壮年志士たち三十一人が御一新直後藩庁に献議して干城隊を結成した。その目的は一朝有事に際し身を以て国事に当らんというものである。この干城隊結成に当って藩主脳部の意見が二つにわかれた。賛成派は執政吉田悟助、亘理は絶対反対とまでいかないが積極的でなかったことから、彼と同じ立場をとった中島衡平とともに反対派の巨魁の如く壮年志士たちから攻撃された。明治元年五月二十四日午前三時、亘理の屋敷は暴漢に襲われ、亘理と妻の清子が惨殺され、四才の二女つゆまで負傷するという事件が起った。この時の情況は『臼井亘理遭難遺蹟』に詳しいが省略する。

この時六郎は十一歳だったが、別室に臥していたので危うく難をのがれている。兇行者は干城隊の者であることは中島衡平も同時に襲われ殺害されているから疑う余地はなかった。しかし藩当局者、ことに執政吉田悟助が干城隊側である。

亘理も衡平も、

「此節非命之死ヲ遂ゲ候段、自分ノ招ク禍ニテ、無㆓是理㆒事ニ思召候」と、至極冷酷な藩の処置で殺され損になり、臼井家は長男の六郎がまだ未成年なので、五十石減ぜられ二百五十石を亘理の弟渡辺助太夫が相続した。しかし臼井家とすればなんとも承服し難い片手落な藩の処置である。ついに宗藩福岡藩に訴え争ったが、その決着つかないうちに明治四年の廃藩置県となりこの紛争も自然消滅した。

長男六郎は叔父助太夫によって養育されたが、父母の惨めな死様を子供の目とはいえはっきり目撃しているため、恨み骨髄に徹し、子供心にも復讐の念を燃やすのだったが、干城隊の仕業だとは判っているものの、誰が下手人かとなると全然わからない。がそのうち父を殺したのは一瀬直久で、母を手にかけたのは同じ干城隊の萩谷静夫だという噂が立ち、それを裏づけるように藩校秋月学校の生徒で直久の弟一瀬道之助が、学友の間鉄之丞、伊藤豊三郎等に、臼井亘理を殺したのは兄直久で、殺したあと首級を携えて執政吉田悟助の邸に赴き首実験に供したのだと自慢した。六郎はもう我慢ができない。養父で叔父の助太夫や親類の者に復讐を迫るが、なにぶん世間の噂や子供の自慢話だけで確かな証拠はなし、それに第一六郎もまだ少年、幼稚な血気にはやる六郎を押えて文武の道に励ませているうち、廃藩置県、翌五年には一瀬直久は上京する。六郎は切歯扼腕無念の涙をのんでいたが、明治九年八月ようやく養父、親類の許しを得て東京遊学に託し、一瀬の後を追って上京した。時に六郎十九歳であった。このとき六郎は父が殺されたとき枕元にあった父愛用の短刀を携え、同藩士木村篤に伴われて上京しているが、そのときの六郎の感慨を『臼井亘理遭難遺蹟』は「風粛々として易水寒し」の漢詩の心境をもってする。

上京した六郎は芝西久保明舟町に住んでいる叔父上野月下方に寄食して、仇敵一瀬の所在を探ると、一瀬は名古屋裁判所に勤務し東京にいないという。速刻名古屋へ乗込みたかったが、叔父のすすめに従って、暫らく山岡鉄舟に師事して剣術を学ぶことになった。むろんその間も一瀬の動静に注意を怠らず遠くから見張っていたが、明治十一年四月初旬、一瀬が静岡裁判所甲府支所に転勤したことを知り、この機会に討果す覚悟をきめ、師山岡鉄舟、叔父上野月下に別れを告げ甲府へ赴いたが、なかなか機会がなく、そのうち一瀬が帰京したときいて東京へ帰ったり、それが誤伝とわかりまた甲府へ行ったり、一時は窮乏のあまり熊谷裁判所の雇になったりして苦労したが、明治十三年一月、一瀬が東京上等裁判所に転任したことをきき、時機到来と、あるいは裁判所の門前にたたずみ、あるいはその宿舎のあたりを徘徊して隙を窺い、ついにその年もおし詰った十二月、前述したように目的を果したのである。

以上がこの事件の概要であるが、この敵討にはいろいろの疑点がある。第一、討果した一瀬がまちがいなく臼井亘理を殺害した下手人だという証拠がないこと、そこからこの敵討が不当な敵討だという非難が生じてきた。世上の噂にのぼった山岡鉄舟、勝海舟等有名旧幕臣の後援も、六郎が鉄舟に剣を学んだ事実から考えられることだが、殺害された亘理が佐幕派の巨魁であったとする説、しかもこれが殺害の理由となっているが、それからかなり歳月を経た明治四十年、亘理は勤王の士であったとして贈位の運動が起っているのをみるとなにか矛盾したものが残る。が、いずれにしてもこの敵討は混乱期における立場の対立から生じたことだけは確かである。

自首した六郎は東京裁判所の審理で、翌明治十四年九月二十三日次のように申渡された。

言渡狀

福岡縣筑前國夜須郡野鳥村
四百七十八番地士族
臼井慕長男

臼井六郎

其方儀明治元年五月二十三日夜父母ノ寢所ヘ忍入亘理及母ヲモ殺害シ嬰孩ノ妹ニマテ傷ヲ負ハセ立去リシ者アリ其場ニ至リ覗ルニ其惨狀見ルニ忍ヒス此ノ暗殺ヲ爲シタル者ハ干城隊十數名ニシテ父母ニハ其罪ナシト聞キ幼年ナカラモ痛忿ニ堪ヘス必ス復讐セサルヘカラスト思ヒ後チ父亘理ヲ殺害シタル者ハ右隊士一瀨直久ニシテ又右暗殺ヲ爲シタル輩ニハ罪ナク却テ父亘理ハ死後寃枉ニ陷ラレシト聞キ之ヲ事實ト認ムルヨリ益々痛忿激切父ノ讐ヲ手刄スルヨリ外ナシト決心シ明治十三年十二月十七日鵜沼不見人宅ニ於テ一瀨直久ニ出逢ヒ父ノ仇覺悟セヨト聲掛ケ豫テ携フル短刀ヲ以テ相闘ヒ卒ニ殺害ニ及ヒ直ニ警察署ニ詣リ自首ス右科改定律例第二百三十二條ニ依リ謀殺ヲ以テ論シ士族タルニ付改正閏刑律ニ照シ自首スト雖モ首免ヲ與フルノ限ニアラサルニ依リ禁獄終身申付ル

明治十四年九月二十二日

東京裁判所

六郎は小菅集治監に服役、明治二十二年十二月六日特典を以て本刑一等を減ぜられ、明治二十四年九月出獄している。

出獄後は彼の境遇に同情した侠妓とのロマンスなどあるが、九州鉄道（日豊線）の宇佐駅前で孝子饅頭屋を開いていたが、後で運送店を営み明治四十年ころ死んでいる。

江戸時代敵討表

平山鏗二郎氏の『敵討』をもとに作成

年月日	場所	討手の姓名	討手の身分	仇人の姓名	仇人の身分	目的	敵討を遂げるまでの年数
慶長十年頃 七月十七日	大和國奈良 荒池ノ上山頭	不明	不明	不明	不明	父のため	不明
元和元年 五月三日	山城國宇治郡日岡峠	戸田八郎右衞門	士	鈴木左馬助	不明	兄のため	不明
寛永五年 八月廿一日	不明	安倍四郎五郎 与力某	士	不明	不明	不明	不明
寛永五年	不明	布施平太夫	士	不明	士	兄のため	不明
寛永六年 五月一日	山城國宇治郡日岡峠	黒田四郎兵衞	士	二宮權左衞門 岡地大三郎	士	叔父のため	三
寛永七年 正月十五日	大阪玉造	梁川銀之助 (助)千原佐市 浪川藤右衞門	士	三宅玄蕃	士	兄のため	三
寛永十一年 十一月七日	伊賀國(阿拝郡)上野の辻	渡邊數馬 (助)荒木又右衞門等	士	河合又五郎 河合甚左衞門 (助)櫻井半兵衞	士	弟のため	五

寛永十一年冬	尾張國名古屋小牧町	川地藤左衛門 川地彌十郎	士	深尾左五右衛門	士	父のため	不明
寛永十五年三月十五日	信濃國筑摩郡木曾谷	高木善兵衛	士	河野孫市郎	士	兄のため	十七
寛永十六年七月五日	京都四條河原町	曾我九之助 三浦十五郎	士	勝浦左近兵衛	士	母方の祖父祖母のため	不明
寛永十八年	江戸大炊殿橋（今、神田橋）	多賀孫左衛門 多賀忠太夫 上田右衛門八等	士	内藤八右衛門	士	兄のため、伯父のため	廿一
正保二年十一月十七日	出雲國松江松平出羽守家老乙部可正邸	飯尾彦之丞兼晴	士	生駒帯刀正種	士	弟の養父のため、弟のため	（討手切腹）六
承應二年三月十五日	武藏國橘樹郡川崎驛	吉見半之丞	士	村井彌五右衛門	士	兄のため	二
承應二年五月五日	尾張國名古屋法華寺町本住寺	平岡彌右衛門 平岡八十郎	士	上原善太夫	士	父のため	四
承應三年十月	江戸小石川水戸屋敷前	堀越伝右衛門 弟某	士	小林忠兵衛	士	父のため	不明
明暦元年	江戸神田誓願寺前（今、小柳町）	拓植兵左衛門	士	武藏源左衛門	士	父のため	十八

明暦 元年 九月二日	江戸浅草三十三間堂内(今、松葉町)	原田與右衛門 後藤與次右衛門	士	林與次右衛門	士	兄のため、伯父或は叔父のため	不明
寛文 四年 五月十七日	江戸牛込築土神社阪下	古澤忠次郎 (助)古澤市左衛門	士	澤岡藤右衛門	士	父、母、兄のため	六
寛文 七年 閏二月廿八日	尾張國春日井郡清州須賀口	土屋權之允 田澤市右衛門	士	鷲谷彈之允	士	父のため	不明
寛文 十年 三月十五日	大阪心斎橋通南二丁目	小畑五太夫 小畑牛太郎	士	青山五左衛門	士	弟のため、叔父のため	二十
寛文十一年 九月九日	攝津國島上郡芥川	松下助三郎 (助)平左衛門等	士	早川八之允	士	父のため	五
寛文十二年 二月二日	江戸市谷浄瑠璃坂(今、砂土原町一丁目)	奥平源八 (助)夏目外記等	士	奥平隼人 (助)奥平大學等	士	父のため	三
延寶 三年頃	駿河國富士郡大宮町	宮受忠太夫 (助)山本加左衛門	士	古留屋小兵	士	兄のため	(反討)不明
延寶 三年 五月七日	陸奥國宮城郡赤沼村	小針彦次郎	士	富永彌太郎	士	父のため	三
延寶 四年 六月八日	江戸谷中法華寺町	鈴木安兵衛	士	笠原藤七	士	弟のため	四

延寶 四年 十二月十四日	武州黑鍬谷	藤戸新藏	士	清水權左衛門	士	父のため	十二?
延寶 五年 正月廿九日	相模國鎌倉扇谷亀ヶ坂下	松枝比左衛門 岩井利兵衛	能役者	野田宗伴	醫	兄、甥(或は弟のため義兄のため)	三
延寶 六年 七月十三日	江戸京橋近邊	松枝主馬	士	荒川三郎兵衛	士	父のため	十三
延寶 八年 十月五日	長門國豊浦郡下關	曾根次郎吉(靭負) (助)奈良屋善兵衛	士	春城三左衛門	士	父のため	十一?
天和 二年 五月二日	但馬國七味郡村岡	近藤源太兵衛 (助)小山田清右衛門	士	池田七郎衛門等	士	兄のため	十
貞享 四年 六月三日	大阪南御堂前	磯貝兵左衛門 磯貝藤助 (助)船越九兵衛	士	島川太兵衛(従兄或は従弟)	士	叔父のため	四
元祿 六年 五月四日	出雲國仁多郡上阿井村	五兵衛 三助 七兵衛	農	七郎兵衛	農	父のため	十七
元祿十四年 五月九日	伊勢國鈴鹿郡亀山城内	石井源藏 石井半藏	士	赤堀源五右衛門(赤堀水之助)	士	父のため 兄のため	十九 廿一?
元祿十五年 十二月十四日	江戸本所両国橋の東(今、松坂町二丁目)	大石内藏助良雄 外四十六人	士	吉良上野介義央	士	主人のため	翌年討手切腹 二

元禄年中	江戸 京極備中守下屋敷	尼崎りや	士	岩淵伝内	士	父のため	廿二
寶永五年頃	不明	布施平太夫	士	不明	不明	兄のため	不明
正徳五年十一月四日	攝津國 西成郡浜村崇禅寺松原	遠城治左衛門 安藤喜八郎	士	生田伝八郎	士	弟のため	(反討)一
享保五年九月五日	伊勢國桑名城門前	小林熊太郎 小林道次郎	士	(従伯父) 芦塚軍右衛門	士	父のため	五
享保七年四月二日	江戸新吉原	大森たか(松葉屋瀬川)	士	源八	僕	夫のため	五
享保七年八月十二日	相模國鎌倉郡小田原	伊東はる (助)鐵平	士	大西助次郎	士	父のため	廿八
享保八年三月二日	陸奥國 仙台白鳥明神社前宮ノ叶	姉妹二人(名不詳)	農	田邊志摩	士	父のため	六
享保八年三月廿七日	江戸濱田候邸内	山路	婢	澤野	奥女中	主人のため	即日
享保十一年十月	武藏國豊島郡幡ケ谷	山崎善衛門 相良嘉内 相良小平太	士	中野唯八	士	兄のため	不明

享保十二年 十月十四日	江戸 青山宿青山大膳亮御下屋敷角	猪瀬半介	士	中澤孫三郎	士	父のため	四
享保頃	江戸橋場総泉寺	清水新次郎 (助)遊女秋篠	士	軍藏	僕	友人のため	不明
元文元年 十一月廿五日	武藏國葛飾郡小菅弥五郎橋	谷十三郎	士	伴六左衛門	士	父のため	不明
元文三年	江戸	深澤定八	士	石井清助	士	父のため	二
元文五年 三月五日	江戸築地南小田原町二丁目	矢内武平治 山下宇内	士	杉山嘉右衛門	士	母のため	二
元文五年頃?	不明	上野長之助	農	不明	不明	父のため?	不明
寛保元年	長崎	兄弟二人 氏名不詳	商	神樂	相撲	父母のため	十八?
寛保元年 六月二日	備前國岡山	成瀬太左衛門	士	堀又右衛門	士	義俠心より田宮軍次のため	九
寛保元年 十二月九日	肥前國長崎	喜三次 伝十郎	不明	甚太郎	不明	母のため	不明

寛保二年五月廿三日	陸奥國江刺郡野手崎村	鈴木善六	農	六之助	農	父のため	廿九
寳暦三年	下総國	雄之助 鎌吉	農	不明	不明	父のため	翌日
寳暦六年	越前國丹生郡澤浪村	山形忠三郎 (助)佐川源次兵衛	郷士	杉原軍兵衛	郷士	父のため	不明
寳暦七年三月?	大和國吉野郡吉野山竹林院前	吉太郎	農	大八郎	漆工	兄のため	(討手自殺)?五
寳暦九年五月十八日	肥前國(神崎郡)蓮池	勝野造酒之丞	士	谷崎藏人	士	父のため	(討手自殺)二
寳暦十年頃?	不明	辰之助	農	不明	不明	父のため?	不明
寳暦十三年五月廿五日	陸奥國(宇多郡)中村原町	佐々木清十郎 (助)中川十内等	士	(叔父)佐々木九郎右衛門	士	父のため	十四
明和二年七月廿五日	常陸國茨城郡大足村	茂助 つや	農	吉兵衛	農	父のため 夫のため	廿一
明和八年四月十三日	薩摩國不川山	高橋辨	士	矢野長左衛門	士	父のため	二

安永五年三月十八日	陸奥國菊多郡中田村五郎橋	彌藤次 丹次	農	佐十郎	農	父のため	十三
安永九年十一月九日	陸奥國胆沢郡水沢日高小路	小澤嘉右衛門	士	佐藤新兵衛	士	養父のため	十七
天明三年十月八日	江戸牛込行元寺	富吉	農	甚内	農	父のため	十七
寛政二年頃？	不明	與右衛門	農	不明	不明	父のため	不明
寛政十年頃？	不明	文藏 嘉吉	農	牛五郎	農	叔父のため 従兄のため	不明
寛政十年十一月十二日	江戸深川六間堀猿子橋畔	山崎みき 山崎はる (助)平井仙藏	士	崎山平内	士	夫のため 父のため	六
寛政十二年十月九日	江戸浅草御藏前片町	三浦善藏(徳力貫蔵)	商	(舊傭)長松	農	母のため	八
享和元年正月	近江國志賀郡栗津原	前田半十郎	士	服部安右衛門	士	父のため	八
文化元年三月十三日	武藏國足立郡上尾宿	富五郎	農	赤尾の林藏	無宿	兄のため	三

文化 元年 中	肥後國清閑寺原	岩井善次郎 岩井半三郎	士	青山彈正	士	父のため	不明
文化 元年 十月廿六日	讃岐國那珂郡松ヶ鼻	安藏	農	江崎三藏	士	父のため	十三
文化 八年頃?	下総國匝瑳郡玉虫村	(服部)仁平	農	茂七	農	父のため	九?
文化 八年 九月廿二日	出羽國田川郡荘内鍛冶町総穏寺墓地	土屋虎松(又藏)	士	(義弟)土屋丑藏	士	兄のため	討手仇人死 八
文化十三年 九月二十日	下総國葛飾郡大福田村正徳寺	權次郎 (助)望月三郎	農	藤助	農	母のため	廿三
文化十四年 五月	相模國藤川?	不明	不明	不明	不明	父のため	不明
文化十五年 四月十九日	常陸國爪連村	清兵衛	商	悪三郎	農	叔父のため	二十
文政 三年 五月二十日	出羽國寒河江	和吉 文次	農	花藏	農	父のため	七
文政 七年 四月廿七日	常陸國鹿島郡磯濱村祝町	淺田鐵藏 淺田門次郎	士	成瀧萬助	士	養父のため 父のため	七

文政 七年 十月十日	江戸四谷塩町一町目	（高瀬）宇市	農	（舊傭）安兵衛	農	父のため	七
文政 九年 二月廿五日	武藏國豊島郡小具村	文次郎	農	次郎右衛門	農	父のため	即日
文政 十年 閏六月十二日	讃岐國阿野郡南羽床村	平井外記 平井九市 (助)虚無僧雲竜	士	與之助	研師	兄のため	五
文政十二年 正月十五日	肥後國益城郡下横田邊村	岡崎平右衛門	商	（舊傭）嘉次平	商	父のため	十八
天保 四年 四月頃	下総國結城郡上山川村	茂八	農	富五郎	農	父のため	當年
天保 六年 七月十三日	江戸神田門外	山本りよ 山本九郎左衛門	士	亀藏	下人	父のため 兄のため	三
天保 七年 三月二日	常陸國那珂郡湊村	藤村丑太郎	農	村上源之丞	士	父のため	七
天保 七年 六月十五日	近江國草津	光藏、仲藏、清兵衛に彦藏、長吉	相撲	岩之助	相撲	師の仇	十一
天保 七年 七月十七日	江戸神田山本町代地	森金七郎	士	成田屋庄之助	大工	養父のため	二

天保 八年 七月 廿七日	出羽國由利郡櫻長根	新井三太夫 日野内藏介 戸坂良軒	士	佐藤多利治	士	兄のため	當年？
天保 九年 十一月 十一日	陸奥國遠田郡涌谷	徳治 やす	不明	早坂喜十郎	士	妻の父及び父のため	廿六
天保十一年 四月 九日	江戸飯倉片町	乙藏	農	西野藤十郎	郷士	父のため	十二
天保十一年 六月 廿一日	常陸國茨城郡大串村宝性院	本多良之助 (助)政五郎	士	鈴木忠左衛門	士	父のため	十一 或は十四
弘化 元年 二月 廿三日	駿河國岡部宿在鰯ヶ島村	岩之進	香具師	米松	農？	養父のため	九
弘化 三年 八月 六日	江戸神田護持院原	熊倉伝十郎 小松典膳	士	本庄辰輔(本成茂平次)	士	父、伯父のため、師のため	九 或は八
嘉永 二年 七月 廿七日	陸奥國多阿郡山岸村平袖坪	荒音吉 荒重作	士？	丑之助	牛飼	父のため	十六
嘉永 三年 十月 十八日	江戸神田白銀町代地	定吉 政吉	商	宅次	商	父のため	十六
嘉永 三年 十月 廿二日	下野國足利郡粟谷村	金井仙太郎 (助)寅五郎 久保善助	農	金井隼人 (子)金井吉右衛門	村年寄？	父のため、主人のため	十二

嘉永四年 五月廿六日	信濃國伊那郡飯田	庄助	商	藤田春庵	醫	兄のため	(討手切腹)六
嘉永五年 二月十七日	上総國武射郡松ヶ谷村	(村松)藤吉郎	中間	新平	仲間	父のため	十六
嘉永六年 七月十四日	陸奥國行方郡鹿島駅陽山寺	とませ 宥憲	山伏の養子	源八郎	農	母のため、母方の祖母のため	五十三
嘉永六年 十一月廿二日	相模國鎌倉郡戸塚驛	須藤隼太郎 須藤平次郎 須藤金三郎	士	原鑊平	士	父のため	當年
嘉永六年 十一月廿八日	江戸浅草御藏前片町	たか	農	與右衛門	農	兄のため	七
嘉永六年 十二月廿三日	陸奥國江刺郡下門岡村	太左衛門	農	喜左衛門	農	父のため	不明
安政元年 六月十九日	常陸國水戸向井町	赤石愛太郎	士	元吉	農?	母のため	三
安政元年 六月廿六日	江戸住吉町	太田六助	士	吉次	農	父のため	廿一
安政三年 正月廿八日	常陸國新治郡府中宿	飯島量平 (助)榎本周吉	士	飯島惣吉	士	母のため	二

安政三年十一月廿三日	不明	橋本いの 橋本清吉 橋本仲之助	不明	與次右衛門	農	夫のため、異父母のため父のため	十七
安政四年七月廿八日	備後國神石郡小畑	小野米吉	士	服部辻之進	士	父のため	不明
安政四年十月九日	陸奥國牡鹿郡祝田濱	久米幸太郎	士	瀧澤休右衛門	士	父のため	四十一
安政六年十一月廿五日	上野國甘楽郡西牧矢川村	定之助	農	忠右衛門	村年寄	父のため	十一
萬延元年四月七日	常陸國那珂郡上大賀村念仏塚	いち ひいで 庄四郎	農	喜代次	大工	夫のため 父のため 兄のため	當年
文久三年六月二日	和泉國日根郡境ノ橋	廣井磐之助	士	棚橋三郎	士	父のため	九
文久三年十月十五日	武藏國足立郡千住宿一丁目	大村達尾 (助)藤村鬼一郎	士	祐天(山本仙之助)	博徒(士)	父のため	十八
元治元年正月廿三日	武藏國足立郡針ヶ谷村	宮本庫太郎 (助)武藤道之助 西野幸太郎等	士	川西祐之助	士	父のため	七

【著者紹介】
大隈三好（おおくま　みよし）
1906年佐賀県に生まれる。
佐賀師範学校卒業。戦後作家生活に入る。
サンデー毎日大衆文芸賞、第5回小説新潮賞を受賞。
作家として培った視点を生かし歴史研究にも邁進する。
1992年逝去。

〈主な著書〉
『残酷の暗殺史』日本文芸社、1969年
『江戸時代流人の生活』雄山閣、1970年
『神風連』日本教文社、1971年
『日本海賊物語』雄山閣、1971年
『切腹の歴史』雄山閣、1973年
『遠島』雄山閣、2003年
ほか多数

平成28年10月25日 初版発行　《検印省略》

雄山閣《ゆうざんかく》アーカイブス 歴史篇《れきしへん》
敵討《かたきうち》の歴史《れきし》

著　者　大隈三好
発行者　宮田哲男
発行所　株式会社 雄山閣
〒102-0071　東京都千代田区富士見2-6-9
電話 03-3262-3231㈹　FAX 03-3262-6938
http://www.yuzankaku.co.jp
E-mail　info@yuzankaku.co.jp
振替：00130-5-1685
印刷製本　株式会社ティーケー出版印刷

Printed in Japan 2016
ISBN978-4-639-02438-5　C0321
N.D.C.200　216p　19cm